Schriften der
MAX FREIHERR VON OPPENHEIM STIFTUNG
20

2020
Harrassowitz Verlag · Wiesbaden

Verfassungskonzeptionen zwischen Orient und Okzident

Interkultureller Dialog und Rechtsvergleichung

Akten des II. Symposiums der Max Freiherr von Oppenheim-Stiftung
23. Oktober 2018 im Rautenstrauch-Joest-Museum, Köln

Herausgegeben von
Johannes Neyses

2020

Harrassowitz Verlag · Wiesbaden

Bibliografische Information der Deutschen Nationalbibliothek
Die Deutsche Nationalbibliothek verzeichnet diese Publikation in der Deutschen Nationalbibliografie; detaillierte bibliografische Daten sind im Internet über http://dnb.dnb.de abrufbar.

Bibliographic information published by the Deutsche Nationalbibliothek
The Deutsche Nationalbibliothek lists this publication in the Deutsche Nationalbibliografie; detailed bibliographic data are available in the internet at http://dnb.dnb.de

Informationen zum Verlagsprogramm finden Sie unter
http://www.harrassowitz.de/verlag

Gedruckt auf alterungsbeständigem Papier.
Druck und Verarbeitung: Memminger MedienCentrum AG
Printed in Germany

ISSN 0543-1719
ISBN 978-3-447-11311-3

Inhalt

Grusswort

Klaus Schneider

Direktor des Rautenstrauch-Joest-Museums

Das Zweite Symposium der Max von Oppenheim Stiftung war die letzte große Veranstaltung im Rautenstrauch-Joest-Museum_Kulturen der Welt, die ich als Museumsdirektor im Amt begleiten durfte. Nach 18 Jahren in der Leitung einer der spannendsten Institutionen der Stadt Köln widme ich mich nun als Pensionär neuen Aufgaben. Dass das Symposium von seinen Zuhörern wie den Referenten so positiv aufgenommen wurde und dass die Veranstaltungsreihe auch eine Verstetigung erfahren soll, freut mich daher umso mehr und ich bin gespannt, welche Themen in den nächsten Jahren folgen werden.

Besonders herzlich danke ich dem Vorstandsvorsitzenden der Stiftung, Herrn Baron Christopher von Oppenheim, allen Mitgliedern des Kuratoriums, Herrn Dr. Johannes Neyses und Herrn Daniel Budke als Organisatoren des Symposiums für die langjährige Kooperation mit der Direktion des Museums und für vielfältige Projektförderungen und Leihgaben aus der Realiensammlung der Stiftung.

Im ersten Moment hat sich vielleicht die eine oder der andere bei der Lektüre des Veranstaltungsflyers gefragt, warum sich ein ethnologisches Museum so stark einer Thematik widmet, die von rechtlichen Fragestellungen geprägt ist.

Das Rautenstrauch-Joest-Museum will seinen Besuchern die Kulturen der Welt näherbringen, indem es den Menschen in seinen Welten in den Mittelpunkt stellt. Unser Konzept hat sich dabei von den materiellen Objekten, die den Menschen in seinem alltäglichen Leben umgeben und die als sicht- und berührbare Artefakte natürlich auch in den Museumsvitrinen ihren Platz finden, etwas entfernt. Es richtet den Blick stattdessen stärker auf die Lebenssituationen, in denen wir uns alle, egal von wo wir stammen, im Laufe unseres Lebens wiederfinden. Schlagworte wie „Begrüßung“, „Wohnen“, „Religion“, „Ritual“ oder „Status“ kennzeichnen und beschreiben Lebensmodelle jedes Einzelnen, die immer auch durch seine Beziehung zu seinen Mitmenschen geprägt werden.

Eines der Systeme, welches das Beziehungsnetzwerk der Menschen untereinander in der Balance zu halten versucht und regelt, ist das Recht. Diese Überlegung spannt für mich den Bogen von der Vielfalt der Kulturen hin zur Vielfalt der Rechtssysteme. Zwei davon wurden nun im Rahmen des Symposiums einer Analyse und Würdigung unterzogen und dabei wurde versucht, verbindende Elemente herauszuarbeiten, aber auch Unterschiede nicht zu verwischen.

Selbst wenn das Museum Max von Oppenheim und seiner Stiftung daher nicht schon seit vielen Jahren aufs Engste verbunden wäre, sehe ich im Rautenstrauch-Joest-Museum_Kulturen der Welt jedenfalls den richtigen Ort für eine Diskussion zu interkulturellem Dialog und Rechtsvergleich.

Grusswort

Christopher Freiherr von Oppenheim

Vorsitzender des Kuratoriums der Max von Oppenheim Stiftung

Dass ich nun schon zum zweiten Mal zahlreiche Gäste im Rautenstrauch-Joest-Museum aus Anlass eines Symposiums der Max von Oppenheim Stiftung begrüßen durfte, war mir eine besondere Freude.

Herr Dr. Johannes Neyses, Mitglied unseres Kuratoriums und Geschäftsführer der Stiftung, hat diesem Symposium ein Thema gegeben: „Verfassungskonzeptionen zwischen Orient und Okzident. Interkultureller Dialog und Rechtsvergleichung". Dafür gilt ihm mein besonderer Dank. Er wird uns gleich in dieses Thema einführen und wir werden im Folgenden die Beiträge von Professor Dr. Hans-Georg Soeffner, Prof. Dr. Mouhanad Khorchide und Prof. Dr. Irene Schneider lesen können. Prof. Dr. Heinz-Peter Mansel hat die abschließende Podiumsdiskussion, die das breite Spektrum der behandelten Themen noch einmal lebhaft vor Augen geführt hat, geleitet. Es ist wunderbar, dass Sie alle kommen konnten und sich bereit erklärt haben im Rahmen des Symposiums vorzutragen. Dank auch den Organisatoren dieser Veranstaltung, Herrn Budke und Frau Berg. Schließlich dürfen wir uns freuen und sind dankbar, dass wir wieder Gäste des Rautenstrauch-Joest Museums sein durften, dem letztlich bestgeeigneten Ort für dieses Zusammenkommen. Dies vor allem deshalb, weil Jahrzehnte fruchtbarer Zusammenarbeit die Stiftung und das Museum verbinden. Die Max von Oppenheim gewidmeten Räume im Obergeschoss der ständigen Ausstellung sind ein sichtbarer Beleg hierfür. Dem inzwischen in den wohlverdienten Ruhestand gewechselten Hausherrn, Herrn Professor Schneider, stellvertretend für das ganze Haus, gilt mein Dank hierfür wie für die herzliche Gastfreundschaft.

Welcher Umstand brachte Max von Oppenheim und damit heute auch die Stiftung und uns in dieses Museum? Die Geschichte der Stiftung liefert die Antwort, erlauben Sie mir den historischen Exkurs. Im Jahr 1929, dem Gründungsjahr der Stiftung, konnte Max von Oppenheim auf ein bewegtes Leben zurückblicken. Er war 69 Jahre alt, hatte als Forschungsreisender den Nahen und mittleren Osten erkundet, war Diplomat im Dienste des deutschen Kaiserreichs in Kairo, hatte als Archäologe mit der Entdeckung und Ausgrabung des Tell Halaf Bahnbrechendes geleistet und überdies ethnologische Arbeiten von Bedeutung geliefert. Überdies hatte er in dieser Zeit eine bedeutende Sammlung zusammengetragen: archäologische Funde, Kunst, Textilien, Möbel, Schmuck und

Metallarbeiten, Gebrauchsgegenstände des Orients, insgesamt ca. 8.000 Stücke – dazu Handschriften und eine mehr als 40.000 Bände umfassende Bibliothek.

Beeindruckende Zahlen, beeindruckend aber auch, wie Max von Oppenheim mit den Dingen und Zeitläuften umzugehen wusste. Nach dem ersten Weltkrieg und seinen politischen Folgen war eine Rückkehr in den Orient nicht mehr möglich. Lebens- und Handlungszentrum wurde Berlin. Hier begann für ihn ein Leben als Privatgelehrter, Wissenschaftsmanager und Gründer und Leiter eines eigenen Museums, des Tell Halaf Museums in Berlin.

In dieser Zeit, 1922, gründete er auch das Orient-Forschungsinstitut, das erste und zu dieser Zeit einzige private Forschungsinstitut, als Anlaufstelle für die Vermittlung der Historie und der politischen Entwicklung der islamisch-arabischen Welt. Das Institut war bewusst interdisziplinär organisiert, ein damals innovativer Ansatz. Archäologen, Altorientalisten, Arabisten, Ethnologen und Prähistoriker arbeiteten hier gemeinsam. Werner Caskel, sein wichtigster Mitarbeiter, später Ordinarius für Orientalistik in Köln, erinnerte sich: „Was wir (...) bei Ihnen gelernt haben, war nicht trockene, methodische Universitäts-Gelehrsamkeit, es war die liebevolle Versenkung in das Ganze einer Kultur, von den hohen Gegenständen der Kunst bis zu den kleinen Dingen des täglichen Lebens. (...). durch die Ihnen eigene Gabe wissenschaftlicher Organisation ist es Ihnen möglich gewesen, diese Fähigkeiten für uns und für einen weiteren Kreis nutzbar zu machen... ."

Auf die Öffentlichkeit zielte er auch mit dem 1927 eröffneten Tell Halaf Museum in Berlin, das die Funde seiner Grabungen in Syrien für alle interessierten Besucher zugänglich machte. Und schließlich folgte die Gründung der Stiftung im Jahr 1929.

Max von Oppenheim formulierte es so „Gegenstand der von der Stiftung zu pflegenden Studien und Forschungen ist in erster Linie der vordere Orient von den ältesten prähistorischen Zeiten bis zur Gegenwart nach allen Richtungen hin, also auf den Gebieten der Geschichte, der Geographie, der Landes- und Rassenkunde, Ethnographie und Kulturgeschichte, der Literatur, der Kunst und des Kunstgewerbes, der Mythologie und Theologie, der Philosophie und überhaupt aller Zweige der Wissenschaften, die im Orient gepflegt wurden und gepflegt werden." Nach den Erfahrungen aus der Wirtschaftskrise von 1923, die ihn eines großen Teils seines Vermögens beraubt hatte, sorgte er durch diesen Schritt für eine dauerhafte Weiterentwicklung seines Lebenswerks. Das geschah unter Einbeziehung unserer Familie, die sich bis heute seinen Zielen verpflichtet fühlt.

Trotzdem musste Max von Oppenheim noch weitere Rückschläge hinnehmen. Im Zweiten Weltkrieg wurden das Tell Halaf Museum 1943, mehr als zwei Drittel der Sammlungen und fast die gesamte Bibliothek zerstört. Der materielle Verlust war immens, die Zukunft schien düster. Max von Oppenheim verbrachte nach dem Krieg sein letztes Lebensjahr in Landshut, wo er 1946 im Alter von 86 Jahren starb. Zu diesem Zeitpunkt schienen die Reste seiner Sammlung unerreichbar, da der Schutt aus dem zerbombten Tell Halaf Museum im Pergamon-Museum in Ost-Berlin in 67 Containern eingelagert worden war.

Neben einem kleinen Rest der Sammlung hatte letztlich nur der ideelle Kern der Stiftung das Chaos unbeschadet überdauert. Der Stiftungssitz wurde nach Köln verlegt, von wo aus die Arbeit fortgesetzt werden konnte. Die Familie von Oppenheim trug hierzu ein Übriges bei. Stand bis Ende der 90er Jahre fast ausschließlich die wissenschaftliche Arbeit im Zentrum der Tätigkeit – Grabungen in Syrien, Publikationen in zwei eigenen Schriftenreihen – wurde seitdem u.a. mit der Organisation von Museumsausstellungen die Ansprache eines immer größer werdenden interessierten Publikums gefördert.

Einen Höhepunkt stellte die Restaurierung der kriegszerstörten Artefakte des Tell Halaf und deren Präsentation in der Ausstellung „Die geretteten Götter vom Tell Halaf" in Berlin (2011) dar. Ausstellungen in der Bundeskunsthalle in Bonn (2014) und im Metropolitan Museum of Art, New York, folgten (2014). In der Planung sind Ausstellungen im British Museum und im Louvre. Die Medien wurden aufmerksam. U.a. Arte und ZDF brachten Beiträge über Leben und Werk Max von Oppenheims. Die Stiftung freut sich über dieses anhaltend große öffentliche Interesse an Leben und Werk ihres Gründers. Sie wird auch in Zukunft mit ausgewählten Themen den Dialog mit dem interessierten Publikum suchen.

Dazu gehört auch die Veranstaltung des vergangenen Symposiums, dem weitere folgen sollen. Die Vorträge sind nun publiziert und bleiben so nutzbar. Auf einer anderen Ebene ist die Stiftung damit befasst, eine umfangreiche Internetpräsenz aufzubauen. Dies geschieht, um allen Interessierten eine zeitgemäße erste Anlaufstelle mit Informationen über das Leben und Werk von Max von Oppenheim und die Arbeit der Stiftung zu bieten – ein virtuelles Forschungsinstitut in der Nachfolge desjenigen aus den 20er-Jahren.

Um keine Missverständnisse aufkommen zu lassen. Das wissenschaftliche Engagement bleibt ungeschmälert. Wir kooperieren ständig mit dem Orientalischen Seminar und dem Archäologischen Institut der Universität zu Köln, mit der Goethe Universität Frankfurt, mit der Mainzer Universität und der Akademie der Wissenschaften ebenda. Das Vorderasiatische Museum und Museum für Islamische Kunst in Berlin und das Rautenstrauch-Joest-Museum hier in Köln sind wichtige Partner für die Pflege und Bearbeitung der erhaltenen Sammlung.

Max von Oppenheim betrachtete zu seiner Zeit die Stiftung als „mein Kind". Wir – die Enkel – versuchen diesem Erbe gerecht zu werden. So laden wir zum Rück- und Überblick seines Schaffens, zum Ausblick auf Kommendes ein und heißen Sie „Willkommen in der Großfamilie".

Thematische Einführung zum Symposium

Verfassungskonzeptionen zwischen Orient und Okzident – Interkultureller Dialog und Rechtsvergleichung –

Johannes Neyses

Kuratoriumsmitglied, Kanzler a.D. und Ehrensenator der Universität zu Köln

Als Mitglied des Kuratoriums der Max von Oppenheim Stiftung ist es mir eine große Freude, in die komplexe Thematik des Symposiums, dessen inhaltliche Konzeption ich mitgestalten konnte, einzuführen.

Die Beiträge der Referenten sprechen für sich selbst und so will ich Ihre Zeit nicht überstrapazieren, wohl aber in einem – den Rahmen absteckenden – Überblick die Schwerpunkte und die Ziele umreißen, die wir uns mit der Veranstaltung gesetzt haben. Der Stiftung ist es ein wichtiges Anliegen, zur Begegnung und Verständigung der Kulturen beizutragen. Baron von Oppenheim hat zu dieser Aktivität der Stiftung, nämlich einen Beitrag zum wissenschaftlichen und gesellschaftlichen Austausch in Form von Symposien zu leisten, in seinem Grußwort schon Einiges gesagt.

Das Verhältnis der Kulturen untereinander, meine sehr verehrten Damen und Herren, ihr Umgang mit Recht, Staat und Gesellschaft, kann ohne Übertreibung als das zentrale Thema für ein friedliches Zusammenleben der Menschen angesehen werden. Es ist die Überzeugung der Stiftung, dass sich friedliche, und zugleich zukunftsweisende Perspektiven nur im Dialog und im gegenseitigen Respekt erreichen lassen.

Deshalb lautet die Überschrift für das Symposium auch „Verfassungskonzeptionen zwischen Orient und Okzident – Interkultureller Dialog und Rechtsvergleichung".

Und vergleichen bedeutet: Dinge überprüfen, abwägen und reflektieren, anderes kennenlernen und voneinander lernen.

In diesem Sinne wollen wir uns heute dem sowohl in rechtlicher wie auch in kultureller Hinsicht hoch interessanten Vergleich verschiedener Verfassungskonzeptionen widmen, Konzeptionen, die – was in den hitzigen Debatten der Gegenwart oftmals übersehen wird – jeweils durch eine jahrhundertelange, historische Entwicklung geprägt sind.

In unserer Veranstaltungseinladung haben wir zum Ausdruck gebracht, dass bei einem Vergleich des durch die Aufklärung geprägten modernen Verfassungsstaats mit den Rechtssystemen, die maßgeblich durch eine Religion geprägt sind, auch hinterfragt werden sollte, ob und gegebenenfalls welche Möglichkeiten gesehen werden, unüberbrückbar scheinende Unterschiede in den politischen Ordnungskonzepten zu überwinden und einen Maßstab für universelle, allgemein gültige Rechtsprinzipien zu entwickeln.

Wir freuen uns sehr, dass wir für dieses Anliegen fachlich hervorragend ausgewiesene Persönlichkeiten gewinnen konnten.

Herr Professor Soeffner, der zum Thema Gerechtigkeit und Recht als Kultur: Basis eines praktischen Kultur- und Rechtsvergleichs gesprochen hat, hat den Unterschied in den Ordnungskonzepten einmal so beschrieben, dass sich eine unüberbrückbare Kluft dort zu öffnen scheint, wo „säkulares, institutionell abgesichertes Recht auf die in vielen islamischen Kulturen angestrebte Einheit von politischem System, Religion und Recht trifft".

Dass wir Fragen zur Überwindung dieser Kluft, meine Damen und Herren, allenfalls nur ansatzweise würden erörtern können, war uns bei der inhaltlichen Ausgestaltung dieses Symposiums bewusst. Dennoch: das Thema ist von so grundlegender Bedeutung, dass wir die Frage danach stellen dürfen und sollten:

Aber wie könnte ein konstruktiver Dialog zur Überwindung des Strukturkonflikts geführt werden, und wie könnte – allen Schwierigkeiten zum Trotz – ein konsensfähiges Modell aussehen?

Ist universeller Maßstab für die unterschiedlichen nationalen Rechtsordnungen die Allgemeine Erklärung der Menschenrechte der Vereinten Nationen vom 10.12.1948, oder gibt es übergeordnete, die kulturelle Vielfalt berücksichtigende Rechtsprinzipien, die aus dem Gerechtigkeitsbegriff herzuleiten sind?

In dieser Hinsicht sind wir noch lange nicht am Ziel. Der renommierte Rechtshistoriker Jan Schröder hat in seinem Festvortrag bei der Jahresfeier der Mainzer Akademie der Wissenschaften im November 2004 zur Frage übergeordneter Rechtsprinzipien einmal sehr treffend festgestellt: „Diese Frage zu beantworten, bemüht man sich bekanntlich seit mehr als zweitausend Jahren". Die Feststellung hat Jan Schröder erfreulicherweise aber nicht davon abgehalten, seine Forschungsaktivitäten und Überlegungen dazu fortzusetzen, und auch die Rechtsphilosophie bemüht sich weiterhin, Antworten auf die drängenden Fragen unserer Zeit zu geben.

Neben diesen sehr grundsätzlichen Fragen, meine Damen und Herren, wurde im Rahmen des Symposiums, das ja dem Rechts- und Kulturvergleich diente, die islamische Rechtslehre vorgestellt. Und da sind wir bei dem Referat, das im Anschluss an Herrn Soeffner Herr Professor Khorchide aus Münster gehalten hat.

Als wichtige Quelle des islamischen Rechts hat der Koran sowohl für die Glaubens- als auch die Lebensrealität von Muslimen weltweit große Bedeutung. Wie aber finden sich nun die verschiedenen Denkschulen und Deutungstraditionen des Korans in diesem Recht wieder und welche Bedeutung haben sie für das Hier und Jetzt? Die richtigen Antworten zu finden, ist nicht leicht, denn die Spanne bei der Schriftauslegung und Interpretation der Jahrhunderte alten Quellen ist außerordentlich breit. Von besonderem Interesse dürften auch die Betrachtungen im historischen Kontext sein, auf die Professor Khorchide näher eingeht.

Scharia in Deutschland?

Mit dieser Frage hat Frau Professorin Schneider einleitend den dritten Vortrag umrissen, und damit werden wir noch mehr in der Praxis, auch der Rechtspraxis, ankommen.

Es war der Wunsch unseres Kuratoriums, mit diesem Vortrag einen Einblick in das islamische Familienrecht zu ermöglichen, das sich vom deutschen und europäischen Recht in wesentlichen Punkten unterscheidet. Einer dieser Punkte ist ohne Zweifel die in vielen islamischen Ländern noch bestehende Benachteiligung der Frau, die oft z.B. nicht das Recht hat, von sich aus die Scheidung einer gescheiterten Ehe zu initiieren. Auch ist die Ehe nach islamischem Verständnis viel stärker ein Vertrag, der immer auch Gütertrennung beinhaltet. Gleichzeitig sind in vielen islamischen Ländern im Zuge der Kodifikation und unter erheblichen Anstrengungen weitreichende Neuerungen im Gange. Am Beispiel Marokkos hat Frau Professorin Schneider den schwierigen Weg der Frauen zu mehr Gleichberechtigung beleuchtet und die politischen Umstände, die die Erreichung dieses Ziels teils verhindert haben, nachgezeichnet.

Eine ganz entscheidende, wenn nicht die zentrale Frage für eine friedliche Zukunftsgestaltung wird sein, ob und wie es gelingen kann, Grundprinzipien von Demokratie und Rechtsstaatlichkeit westlicher Prägung mit dem islamischen Verständnis von den Quellen des Rechts, von Gerechtigkeit und legitimer Machtausübung in Einklang oder zumindest zu einem Ausgleich zu bringen.

Die abschließende Podiumsdiskussion, die dankenswerterweise der Direktor des Instituts für internationales und ausländisches Privatrecht der Universität zu Köln, Herr Professor Mansel, moderiert hat, hat zum einen die oben aufgeworfenen Grundsatzfragen zur Diskussion gestellt.

Ein anderer Schwerpunkt war die Erörterung der Frage, ob und unter welchen Voraussetzungen in Deutschland – nach Maßgabe des Internationalen Privatrechts – ausländisches Recht zur Anwendung gelangt und welche Probleme damit verbunden sind.

Beim sogenannten Internationalen Privatrecht, einer auch für Volljuristen komplizierten, anspruchsvollen Rechtsmaterie, geht es im Kern darum, welches Recht ein souveräner Staat auf ausländische Staatsangehörige anwendet. Dass sich solche Fragen stellen, entspricht der Lebensrealität, denn die Menschen bewegen sich nicht nur permanent in einem Land, sie tätigen Geschäfte mit ausländischen Partnern oder haben ein Interesse daran, dass bereits bestehende familienrechtliche Verhältnisse beim Verlassen des Landes im Staat des neuen Wohnsitzes anerkannt werden.

So kann ein Land auf ausländische Staatsangehörige entweder das Recht ihres Aufenthaltsstaates oder dasjenige ihres Heimatstaates anwenden. In Deutschland und Frankreich zum Beispiel entscheidet überwiegend die Staatsangehörigkeit darüber, welches Familienrecht zur Anwendung gelangt. Dies bedeutet, dass deutsche Gerichte mitunter ausländisches, häufig türkisches Familienrecht anwenden müssen. Anders verhält es sich zum Beispiel in der Schweiz oder im anglo-amerikanischen Rechtskreis: Dort ist für die Bestimmung des anwendbaren Rechts in Familiensachen vorrangig der Wohnsitz der Person maßgebend, weshalb nur selten ausländisches Recht zur Anwendung kommt.

Als bestens ausgewiesener Kenner des Internationalen Privatrechts hat Professor Mansel, der als Prorektor für Internationales auch dem Rektorat der Universität zu Köln angehört, zu diesen Fragen sehr fundiert Stellung genommen.

Im Anschluss an alle Fachvorträge und auch während der Podiumsdiskussion konnten die Teilnehmerinnen und Teilnehmer die Gelegenheit nutzen, Fragen zu stellen und eigene Beiträge zu liefern. Es freut mich sehr, dass davon reger Gebrauch gemacht wurde.

Zum Schluss meiner Einführung möchte ich dem Rautenstrauch-Joest-Museum und seinem damaligen Direktor, Herrn Professor Schneider, ganz herzlich danken für die Möglichkeit der Durchführung dieses Symposiums an diesem Ort und, dass er den Gästen so großzügig Gelegenheit zum Besuch des Museums und des Oppenheim-Zimmers eingeräumt hat.

Ich denke, das Rautenstrauch-Joest-Museum, also das Haus der Kulturen der Welt, war genau der richtige Ort für unseren interkulturellen Dialog, und, meine sehr geehrten Damen und Herren, nur im Dialog besteht die Chance, über wechselseitige Blockaden hinwegzukommen.

Gerechtigkeit und Recht aus der Perspektive eines Kultur- und Rechtsvergleiches

Multikulturelles Präludium

Hans-Georg Soeffner

Zu Beginn der neunziger Jahre des vergangenen Jahrhunderts stellte ein damals prominenter Soziologe die scheinbar banale Frage: „Was war der Kulturvergleich, ehe es den Kulturvergleich gab?“[1] Mit dieser Frage machte er darauf aufmerksam, dass überall da, wo unterschiedliche Völker, Ethnien, Religionen und Kulturen aufeinandertreffen, ein praktischer Kulturvergleich stattfindet. Krieger, Händler, Missionare und nicht zuletzt auch ‚schlichte' (im doppelten Sinne des Wortes) Touristen sind die Agenten dieser Praxis: Man kann keinen Handel treiben, erfolgreich Krieg führen, missionieren, sich in fremden Ländern zurechtfinden wenn man nicht – zumindest ansatzweise – bereit ist, den Standpunkt und die Perspektive des Gegenübers, auch den des scheinbar unüberwindbar Fremden, zu übernehmen.

Heute wird den Mitgliedern moderner, pluraler Gesellschaften Multiperspektivität *strukturell* abverlangt. Wie sich solche strukturell auferlegte in eine freiwillig angenommene, methodisch erweiterte Multiperspektivität umformen lässt, zeigt sich exemplarisch an Baron Max von Oppenheim, dessen Stiftung dieser Artikel gewidmet ist. Max von Oppenheim, Sohn eines jüdischen Vaters, der zum Christentum konvertiert war, war Jurist, Diplomat, Militärberater und Gegner des Thomas Edward („Lawrence von Arabien“), Archäologe, Orientalist: Er verkörperte ein multiples Repertoire unterschiedlicher Rollen und Berufe und war damit sowohl prädestiniert als auch gezwungen, eine Vielzahl divergierender Perspektiven einzunehmen. Am Beginn seiner Karriere steht seine Neugierde – früh gefördert – durch exotische Lektüre: Schon als junger Gymnasiast ist er hingerissen von Scheherazades Fortsetzungsroman, einer faszinierenden, sich ‚tausend und eine Nacht' hinziehenden Kette von Geschichten aus einem sagenumwobenen Orient.

Die Sammlung der tausend Erzählungen „Tausend und eine Nacht“ steht ihrerseits für eine multikulturelle Geschichte und Perspektivik. Dem indischen Ursprung (ca. 250 n. Chr.) folgt (um 500) eine Übersetzung ins Mittelpersische, die zwar verloren ging, aber das Gerüst für eine arabische Geschichtensammlung bildet. Antoine Galland, ein franzö-

1 Tenbruck, Friedrich H. (1992): Was war der Kulturvergleich, ehe es den Kulturvergleich gab?, in: Matthes, Joachim (Hrsg.): Zwischen den Kulturen. Die Sozialwissenschaften vor dem Problem des Kulturvergleichs. Ztschr. Soziale Welt. Sonderband 8, Göttingen, S. 13ff.

sischer Orientalist, übersetzt die Sammlung zu Beginn des 18. Jahrhunderts und erweitert sie um französische (europäische) Elemente. Später werden europäisierte und ‚moralisch gereinigte' Fassungen der Sammlung ihrerseits wieder ins Arabische zurückübersetzt: Die multikulturelle Editions-, Übersetzungs- und Adaptionsarbeit an „Tausend und einer Nacht" wird selbst zu einem noch nicht abgeschlossenen Fortsetzungsroman: einem Exempel multikulturell geprägter Weltliteratur. Und der gymnasiale Leser wird später für sich selbst – so hoffe ich – im Verlauf seiner ebenfalls multikulturell geprägten Biographie bei einer der Frauen, mit denen er in Kairo zusammenlebte, seine eigene Scheherazade gefunden haben.

Max von Oppenheims praktischer, diplomatischer, militärischer und wissenschaftlicher Kulturvergleich verweist auf eine Haltung, die einen guten Einstieg in das erste, kurze Kapitel dieses Artikels bietet:

Das Eigenrecht der Kultur und Recht als Ausdruck von Kultur

Zunächst geht es mir darum, im Sinne des ‚*Genitivus subjectivus*', das Eigenrecht der Kultur herauszustellen und zwar so, wie es sich im Lauf der Geschichte entwickelt hat bis hin zur Herausbildung der Kultur als einer eigenständigen Sphäre gegenüber der Religion, aus der sie hervorgegangen ist und von der sie sich – nicht nur als Hochkultur – seit der Moderne ebenso absetzt wie gegenüber Politik, Wirtschaft, Justiz und anderen Sphären. Allerdings hat schon Max Weber darauf hingewiesen, dass – unabhängig von der Ausdifferenzierung dieser Sphären – *alle* gesellschaftlichen Phänomene Kulturbedeutung haben: Kultur findet sich in jeder menschlichen Lebensform und Sinngebung. Wie bei Nikolaus von Kues Gott in allen Erscheinungsformen der Welt so zu finden ist wie die Eins in allen Zahlen, so findet sich Kultur in jeder Formung menschlichen Lebens. Wechselseitig infizieren sich also Kultur und die vorhin genannten Sphären.

Damit komme ich zum *Genitivus objectivus*, zum Recht als einer spezifischen Ausdrucksform von Kultur. Die Existenz des Rechts und seine konkrete Ausgestaltung verweisen auf Kultur als Versuch menschlicher Ordnungsstiftung. Am pointiertesten hat dies Max Weber zum Ausdruck gebracht. „Kultur", so Max Weber, „ist ein vom Standpunkt des Menschen aus mit Sinn und Bedeutung bedachter endlicher Ausschnitt aus der sinnlosen Unendlichkeit des Weltgeschehens."[2] Diese Aussage charakterisiert eine Moderne, in der die Kultur sich aus der Theologie herausgelöst und von der Religion emanzipiert hat. Dass das Recht zu einer zentralen, Ordnung stiftenden Ausdrucksform von Kultur wird, verweist aber auch – das ist deutlich zu erkennen – auf eine negative Anthropologie. Nicht erst Hobbes und Kant haben Staat, Gesellschaftsvertrag und Rechtsordnung so gesehen, wie Fritz Mauthner es in folgender Formel ausdrückte: „Der Rechtsstaat ist der *modus vivendi* des argen Menschen. Die Menschen sind nicht gut."[3] Diese Formel ent-

2 Weber, Max (1973): Gesammelte Aufsätze zur Wissenschaftslehre, hg. v. Johannes Winkelmann, Tübingen, S. 180.

3 Mauthner, Fritz (1980): Wörterbuch der Philosophie, Zürich, „Recht", Bd. 2, S. 305.

spricht ziemlich genau der kantischen Auffassung vom Menschen. Denn für Kant sind Menschen – vgl. seine Anthropologie – eitel, faul, boshaft, egoistisch und manches andere mehr. Genau deshalb, so beobachtet Mark Twain, könne man bei uns allen, wenn wir uns nicht kontrollieren, den naturbedingten Ausdruck der Niederträchtigkeit ablesen.

Die Weltreligionen teilen diese negative Anthropologie. Recht und Gesetz sind Zwangsinstrumente: ein Erziehungsprogramm gegen den argen Menschen. Gleich zu Beginn des Korans, in der Sure 1, ‚Die Eröffnende', wird klargestellt, dass Gott nicht nur der Erbarmer, der Barmherzige, der Herr der Weltenbewohner ist, sondern auch der Herrscher des Gerichtstages. Das Gleiche gilt für den Gott der zehn Gebote: Die göttliche Ordnung wird durch göttliche Herrschaft hergestellt. Ihre weltliche Stellvertretung übernimmt das von Gott gestiftete Gesetz, das seinerseits in der Rechtsprechung und – das ist entscheidend – ‚gewaltförmig', wiederum Max Weber, durchgesetzt werden muss. Symbolisch führt uns die biblische Geschichte von der Entstehung der Gesetzestafeln vor Augen, dass Gesetz und Gesetzesbruch für Menschen, selbst für den göttlichen Boten und Vertreter des Gesetzes, grundsätzlich zusammen gehören, denn Moses zerbricht im Zorn über sein Volk die Urschrift, die Urtafeln des göttlichen Gesetzes, und muss anschließend die neuen Tafeln selbst herstellen. Kurz: Der „erste" menschliche Vertreter des göttlichen Gesetzes ist zugleich und dramatisch wörtlich der „erste" Gesetzesbrecher, kein Wunder bei einem Mann, den die Ägypter als Totschläger suchen.

Die Geschichte dessen, was wir den modernen Verfassungs- und Rechtsstaat nennen, teilt zwar noch mit ihrem religiösen Ursprung die negative Anthropologie und auch die – nun gezügelte – Gewaltförmigkeit des Rechtes und die Paarung von Verantwortung und Strafe, aber daneben beschreibt sie einen ganz anderen Weg: den Weg von der göttlichen, heiligen Rechtsordnung zum säkularen und nur noch innerweltlich geheiligten Rechtssystem; zugleich aber auch den Weg von kanonischen, heiligen unveränderbaren Texten zu sich ständig verändernden, ergänzten Texten und Gesetzeswerken, die dem Zusammenspiel von Herrschaftsordnung, Gesetzgebung und Rechtsprechung in immer neuen historischen Konstellationen entspringen. Damit entsteht zwangsläufig das Problem, dass auch die Auslegungstraditionen diesen Veränderungen gerecht werden müssen.

Kultur und Recht im Plural, also Kulturen und Rechtssysteme, sind die soziohistorischen Antworten konkreter Völker und Vergesellschaftungsformen auf die jeweiligen Problemlagen und Ordnungsbedürfnisse. Ebenso steht es mit der in der modernen Gesellschaft sich vollziehenden Ausdifferenzierung einzelner Sphären und Systeme mit jeweils eigenen Bereichslogiken wie etwa in Politik, Wirtschaft, Recht, Wissenschaft oder in der kirchlich organisierten Religion. Ablesbar ist diese Ausdifferenzierung der einzelnen Sphären und ihrer Handlungslogiken unter anderem an den sichtbaren symbolischen Ausdrucksformen, die sie sich geben.

Allerdings sind die symbolischen Ausdrucksformen und die in ihnen enthaltene Ordnung der Rituale selbst für die professionellen Ritenexperten und Zeremonienmeister nicht immer vollständig durchschaubar. Dies gilt auch – und in besonderer Weise – für die rituellen Ordnungen einer Rechtskultur. Wenn aber schon innerhalb *einer* Rechtskultur die rituellen Ordnungen nicht nur für Laien, sondern oft selbst für Experten nur schwer durchschaubar sind, wie steht es dann mit einem transkulturellen Vergleich unterschiedlicher Rechtsordnungen und ihrer rituellen Ausdrucksformen? Wie also ließe sich das Ziel, eine vergleichende Phänomenologie der Rechtskulturen in einer sich zunehmend globalisierenden Welt zu erarbeiten, realisieren? Wie könnte man das Zusammenspiel von Globalisierung bestimmter Kulturelemente und lokalen Reaktionen, also das, was Roland Robertson ‚Glokalisierung' genannt hat, analytisch im Hinblick auf die unterschiedlichen Rechtskulturen fassen?

Die Konkurrenz der Kulturen und Rechtsordnungen

Zunächst müssen wir konstatieren, dass wir in der Empirie eine Konkurrenz der Völker, Kulturen, Religionen und Wirtschaftssysteme vorfinden – ebenso eine Konkurrenz der Rechtssysteme, Rechtsauffassungen und Rechtsprechungsprinzipien. In einigen Fällen kommt es zu einer Verschränkung von Rechtsordnungen und Rechtsverständnis zwischen unterschiedlichen Ländern und Kulturen. So sind die Türkei und Japan Beispiele für die Einarbeitung von Teilen deutschen/europäischen Rechts in die eigenen Rechtssysteme und die eigene Rechtsprechung. Singapur und China stehen für beides: Adaption und Kontrastierung eigener und fremder Rechtsvorstellungen. Ähnliches gilt für eine Reihe islamischer Länder und die pragmatische Koexistenz von Scharia und ‚weltlichem' Recht. Immer wieder findet sich ebenso aber auch eine unübersehbare Konfliktlinie zwischen säkularem und religiös fundiertem Recht.

Pointiert gesagt: Es gibt den *Begriff* „Weltgesellschaft" – in der deutschen Soziologie seit Ferdinand Tönnies – eine *empirische Entsprechung* dafür lässt sich jedoch kaum ausmachen. Anders als moderne Nationalstaaten weist die Weltgesellschaft keine gesamtgesellschaftliche Ordnung auf – weder institutionell, politisch und wirtschaftlich noch gar rechtlich. Es gibt einige Ansätze zur Schaffung internationaler Organisationen, die sich jeweils wiederum ihre eigenen Satzungen und Verfahrensordnungen gegeben haben. Dabei handelt es sich weitgehend um Organisationen und Institutionen, die, wie es schon Max Weber für die Entstehung von Institutionen beschrieb, zwar zweckrational, aber auch mehr oder weniger ad hoc zur Lösung bestimmter übergreifender Problemlagen gegründet wurden – so etwa WTO, UNO, UNESCO, WHO, Weltbank, Internationaler Gerichtshof etc. All diese weltgesellschaftlich verfassten Institutionen sind nur begrenzt dazu imstande, ihre Zielsetzungen durch entsprechend wirksame Sanktionsinstrumente tatsächlich durchzusetzen.

Zugleich sind die zunehmend pluralistisch strukturierten Nationalstaaten und Staatenbünde – also auch unsere Gesellschaft – charakterisiert durch den Reimport alter und den Import neuer religiöser und kultureller Konfliktlinien. Konflikte zwischen Kulturen und Religionen, Kampfzonen also, die früher territorial externalisiert werden konnten – noch in Samuel Huntingtons „Clash of Civilizations" findet sich diese Vorstellung – wählen sich heute ihre Austragungsorte innerhalb einer Gesellschaft, so auch für die Auseinandersetzung zwischen säkularem und religiös fundiertem Recht.

In welche Richtung sich solche Auseinandersetzungen schlimmstenfalls entwickeln können, macht der Regisseur Jim Jarmusch mit der Metapher des ‚Schmelztiegels' deutlich, wenn er in einem seiner Filme einen der Akteure sagen lässt: „Amerika ist ein großer Schmelztiegel. Wenn man den zum Kochen bringt, kommt der gesamte Abschaum nach oben."

Andererseits lösen sich im Zuge der Globalisierungsprozesse die unterschiedlichen zentrischen Perspektiven zunehmend auf. Je pluraler Gesellschaften verfasst sind, desto mehr sehen sich deren Mitglieder zum Perspektiven- und Wertevergleich gezwungen: Werte werden immer dann explizit thematisiert und diskutiert, wenn unterschiedliche Normen und Wertsysteme bereits miteinander konkurrieren. Ein frühes, exemplarisches Zeugnis für die Haltung, die sich aus dieser konfliktären Konstellation ergibt, findet sich bei Herodot (4. Jhdt. v. Chr.), wenn er schreibt: „Mir ist ganz klar, dass [der persische Herrscher, H-GS] Kambyses wahnsinnig war." Denn dieser hatte die Götterbilder anderer Völker verhöhnt und verbrennen lassen. Wer „fremde Gottheiten und Gebräuche" verhöhnt, so Herodot weiter, muss wahnsinnig sein. „Denn wenn man an alle Völker der Erde die Aufforderung ergehen ließe, sich unter all den verschiedenen Sitten die vorzüglichsten auszuwählen, so würde jedes, nachdem es alle geprüft, die seinigen allen anderen vorziehen. So sehr ist jedes Volk überzeugt, dass seine Lebensformen die besten sind. Wie kann daher ein Mensch mit gesunden Sinnen über solche Dinge spotten?"[4]

Die Pointe dieser Textpassage besteht darin, dass Herodot zunächst die überall beobachtbare Ethnozentrizität – die ‚Grundunterscheidung' zwischen einem ‚Wir' und ‚den Anderen' – herausstellt, um sich dann in der abschließenden Frage die Kraft der ebenso grundlegenden Unterstellungen der ‚Reziprozität der Perspektiven' und der prinzipiellen ‚Sinnhaftigkeit' des Handelns Anderer nutzbar zu machen: Wahnsinnig ist – so Herodot –, wer sich gegen diesen uns schon im Alltag aufgezwungenen Perspektiven- und Wertevergleich stellt.

Mit dem Auftreten des (jüdischen, christlichen und dem darauf folgenden islamischen) Monotheismus verändert sich die bis dahin polytheistisch verfasste Antike entscheidend – zunächst nur strukturell, dann aber zunehmend kollektiv lebenspraktisch. So wird das römische Pantheon, ein Tempel, in dem alle Götter verehrt werden konnten, dem Monotheismus beides: Gräuel und Frevel. Denn der Monotheismus verweigert sich schroff und kategorisch jedem Zusammenleben der Götter – auf welchem Olymp oder in welchem Tempel auch immer. Aus der Konkurrenz der Götter wird ein – in letzter Konsequenz tödlicher – Kampf um Alleinvertretungsansprüche und die jeweils beanspruchte absolute Wahrheit. Der alleinige Gott fordert von seinen Anhängern uneingeschränkte Zugehörigkeit und Hingabe. Er erlaubt weder wechselnde Bündnisse noch Mehrfachloyalitäten. Die Bindung an eine Religion erhält eine neue Qualität: die der existenziellen Entscheidung und – tendenziell – der religiös verlangten und legitimierten Reziprozitätsverweigerung. Solche Reziprozitätsverweigerung ist das Kennzeichen aller Fundamentalisten.

Allerdings bleibt der geschichtliche Weg der Menschheit hin zu globalen, pluralen Vergesellschaftungsformen zwangsläufig auch für die Monotheismen nicht folgenlos.

4 Herodot. Historien. Deutsche Gesamtausgabe, übers. v. A. Horneffer, Stuttgart, 1955, S. 198.

Sie verlieren zunehmend ihre jeweiligen Territorien, treffen in *einer* Gesellschaft aufeinander und positionieren die Individuen in ihrem Verhältnis zu ihrer jeweiligen Gemeinschaft neu. Gemeinschaftszugehörigkeit ist nicht mehr selbstverständlich. Die bis dahin gewohnte Übernahme einer Tradition versteht sich nicht mehr von selbst, sondern muss nun begründet werden. In solchen Situationen praktischen Wertevergleichs und daran anschließender Wertentscheidungen erfahren wir, dass der Wertewandel, das Resultat des Wertevergleichs und der Wertkonkurrenzen, ein konstitutiver Bestandteil der Menschheitsgeschichte ist. Die unwahrscheinlichste und durch ihren Zwangscharakter unerträglichste Gesellschaft wäre jene, in der alle Gesellschaftsmitglieder sich an ein absolutes Wertesystem halten (müssen) und selbst die Unterscheidung und der Vergleich zwischen einem erfahrenen „Sein" und einem geforderten „Sollen" – der Grundkonflikt, der jeder Wertedebatte vorausgeht – nicht mehr artikuliert werden kann.

Den Gegenpol bilden plurale Gesellschaften. In ihnen profitieren alle Gesellschaftsmitglieder vom relativ friedlichen Nebeneinander der unterschiedlichen Religionen und Wertesysteme. Aber diese Form der weltanschaulichen Koexistenz verdankt sich dort, wo sie – gegenwärtig – verhältnismäßig problemlos gelebt werden kann, der institutionellen Absicherung durch ein politisches System, das in Europa, einem relativ kleinen Teil der Welt, aus einer spezifischen, historischen Entwicklung hervorgegangen ist: Das Zusammenspiel von griechischer und römischer Antike, jüdisch-christlichen Glaubens- und Denktraditionen, die in Europa mit dem Investiturstreit beginnende Trennung von Kirche und Staat, die Erfahrung blutiger Religionskriege und das mit der Aufklärung einsetzende „Projekt der Moderne" führen in einem langen Entwicklungsprozess dazu, dass Staat und Gesellschaft nicht mehr als Stiftung eines göttlichen Willens, sondern als Ergebnis von Gesellschaftsverträgen begriffen werden.

Die modernen nationalstaatlichen Verfassungen schufen für das Zusammenleben der Weltanschauungen und Religionen einen rechtlichen Rahmen, in dem sie Absolutheitsansprüche ausklammerten und die Entscheidung für oder gegen (eine) Weltanschauung oder Religion an die Individuen delegierten. Die – noch rudimentären – Institutionen einer Weltgesellschaft versuchen als eine Art Völkerbund, wenn schon nicht ein Zusammenleben, dann doch zumindest ein relativ konfliktfreies Nebeneinanderleben der Kulturen und Religionen zu fördern. Dabei ist es bisher nicht gelungen, den mit den „Allgemeinen Menschenrechten" verbundenen Wertekanon mit dem System der vermeintlich absoluten Wahrheiten, Rechte und Pflichten der Weltreligionen zu vermitteln.

Denn auch bei der „Allgemeinen Erklärung der Menschenrechte" (1948) handelt es sich – so bewundernswert ihre Grundideen und ihr Zustandekommen auch sind – um Sollensbestimmungen, deren faktische Umsetzung wünschenswert, aber bisher selten realisierbar ist. Deshalb warnen Rechtsphilosophie und Rechtspolitik entschieden vor einer Gleichsetzung von Sein und Sollen: Das „Sollen für das Sein nehmen, an Stelle der Wirklichkeit das Ideal sehen, [bedeutet] in der Regel [...] die Wirklichkeit aus politischen Motiven – idealisieren, d.h. aber rechtfertigen." Ein solches „Ideal" eines universalisierten, über allen Einzelinteressen stehenden „Gesamtinteresses, einer Interessenssolidarität aller

Gemeinschaftsmitglieder ohne Unterschied der Konfession, Nation, Klassenlage usw." ist nichts anderes als „eine metaphysische, oder besser: eine metapolitische Illusion".[5]

Wie drastisch sich die politische Realität, das historische ‚Sein' von den Idealen der Menschenrechte unterscheidet, zeigen die historischen Ereignisse, von denen die „Allgemeine Erklärung der Menschenrechte" 1948 begleitet wurde: Rassentrennung in Südafrika und auch noch in den Südstaaten der USA, riesige Straflager für Hunderttausende ‚Regimegegner' in der Sowjetunion, chinesischer Bürgerkrieg mit Millionen von Opfern, Palästinakrieg etc. Kurz: Für die faktische Durchsetzung der Geltung des Rechts und des ‚rechtlichen Fortschritts' bedarf es einer praktizierten, durch eine starke Exekutive gestützten Rechtsprechung.

Eine besondere Brisanz erhält dieses Auseinanderfallen von Sein und Sollen, weil sich eine Hoffnung nicht erfüllt hat: die Hoffnung, dass eine Pluralisierung der Weltanschauungen und der mit ihnen verbundenen Lebensformen zu einem friedlichen Zusammenleben führen müsste und plural verfasste Gesellschaften per se sozialen Frieden mit sich brächten. Denn mit sozialer Vielfalt ist nicht nur ein Gewinn an Optionen für die eigene Lebensführung, sondern mit dem „Polytheismus der Werte" (Weber, Max [1973]: a.a.O., S. 271ff.) auch ein Verlust an Selbstverständlichkeiten und Sicherheit verbunden: Das Spiel mit Optionen und die Sehnsucht nach Sicherheit – Pluralisierung der Lebensentwürfe einerseits und Fundamentalismus andererseits – sind die strukturell angelegten Extreme plural strukturierter Gesellschaften. Den fragilen Pluralismus durch rechtlich und institutionell abgesicherte Stützen lebensfähig zu machen, ist der Dauerauftrag plural strukturierter Gesellschaften. Anders ausgedrückt: Für plural strukturierte Gesellschaften stellt sich das Problem der Stiftung und Aufrechterhaltung gesellschaftlicher Ordnung in besonderer Schärfe: Moderne Verfassungen stehen vor der Aufgabe, dem ‚Polytheismus der Werte', dem Pantheon pluraler Gesellschaften einen rechtlichen Rahmen zu geben, der die konkurrierenden Werte in eine Balance bringt.

In einer solchen Situation geht es darum zu prüfen, ob es mit Hilfe einer allgemeinen Idee der Gerechtigkeit gelingen könnte, der Konkurrenz der Kulturen, Religionen und Rechtsordnungen etwas entgegenzusetzen, das die jeweiligen Gegner, wenn es sie schon nicht versöhnt, so doch befähigt, nebeneinander zu leben und zu kooperieren. Um eine solche Prüfung soll es im Folgenden gehen.

Eine offensichtliche und scheinbar unüberbrückbare Kluft öffnet sich dort, wo säkulares, ausdifferenziertes, institutionell abgesichertes Recht auf die in vielen islamischen Kulturen angestrebte Einheit von politischem System, Religion und Recht trifft: auf den Verbund von ‚Heiligen Büchern' – repräsentiert im Koran, den Hadithen und der Scharia – die als Rechtsgrundlage gelten. Die meisten ‚transnationalen' Lösungsversuche gegenüber diesem Grundkonflikt sind ‚okzidental' geprägt. Sie speisen sich aus dem Erbe der europäischen Aufklärung, die ihrerseits – auch – als historisch erzwungene Antwort auf Jahrhunderte währende religiöse Krisen und Kriege verstanden werden muss. Es ist der Versuch, einer universalen Antwort, deren behauptete Universalität zwar zur Diskussion

5 Kelsen, Hans (1929[2018]): Vom Wesen und Wert der Demokratie. Stuttgart, S. 35.

steht, deren Universalisierungsbemühung jedoch dem Verharren in Partikularismen, sei es in Form eines konturlosen Relativismus oder in Gestalt allein selig machender, einander ausschließender Wahrheiten, zweifellos vorzuziehen ist.

Wenn sich ein solcher Antwortversuch allerdings nur auf die Erarbeitung abstrakter Maximen oder die Konstruktion einer synthetischen Weltreligion (Küng) beschränkt, ist von ihm kaum etwas für die Lösung praktischer, lebensweltlicher Probleme zu erwarten: Die oft unterschiedlich verfassten und begründeten, ebenso oft miteinander konkurrierenden Ordnungen der Ehre, der Familie, des Alters und des Ansehens sprechen ihre eigene praktische, farbige und abstraktionsferne Sprache. Aber auch diese Sprache, so emotional aufgeladen ihre Semantik auch sei, verweigert sich nicht prinzipiell rationalen Argumentationen oder Problemlösungsverfahren. Auch hier gilt die lebensweltlich basierte Erfahrung, dass Parteilichkeit und Befangenheit schlechte, Distanz und Unabhängigkeit gute Ratgeber bei Schiedssprüchen sind. Nahezu über alle Kulturen hinweg gilt dementsprechend auch der Grundsatz, dass die Unabhängigkeit des Rechtsprechenden ein hohes Gut ist, auch wenn er selbst abhängig bleibt vom vorgegebenen Recht.

Wie schwer es ist, die Unabhängigkeit der Justiz und der Richter gegen die Ansprüche von Familien und Machtansprüchen oder auch gegen Korruption abzusichern, verdeutlicht ein ebenso einfaches, wie robust umgesetztes Verfahren, das einige oberitalienische Städte im 15. und 16. Jahrhundert praktizierten. Kam es innerhalb der von rivalisierenden Familien, Parteien und Interessen geprägten Stadtstaaten zu Streitigkeiten, so wusste man, dass den ‚eigenen' Richtern nicht zu trauen war. Also kidnappte man aus anderen Städten angesehene Bürger, setzte sie in eine Kutsche, entführte sie in die Mauern der streitenden Stadt, sperrte sie dort bis zum Prozess ein, verpflegte sie gut und gewährte ihnen jeden Komfort – verhinderte aber jedweden Kontakt mit irgendeiner Partei. Die unabhängige Rechtsprechung soll davon gut profitiert haben. ‚Universalisieren' sollte man dieses Verfahren zur Absicherung der Justiz sicherlich nicht. Und glücklicherweise sind wir, wiederum im Gefolge der Europäischen Aufklärung, auf anderen Wegen weiter gekommen, was die Unabhängigkeit der Justiz betrifft – ohne jedoch das Problem vollständig gelöst zu haben.

‚Okzidentale' Justiz und Rechtsprechung basieren auf zwei – einander nicht immer ergänzenden – Vorgaben und Rahmungen. Als allgemeine Vorgabe gilt die Erklärung und Absicherung der Menschenrechte durch die sogenannte ‚Völkergemeinschaft'. Gewissermaßen unterhalb dieser Vorgabe – gerahmt durch die jeweilige nationale Verfassung – arbeitet der Gesetzgeber, das Parlament. Während einerseits die noch immer nicht von allen Staaten anerkannten Menschenrechte, so historisch bedingt und widersprüchlich deren Formulierung auch ist, letztlich ‚überzeitliche' Geltung beanspruchen, sind andererseits die historische Bedingtheit der jeweiligen nationalen Gesetzgebung sowie die unentwegten Änderungen und Erweiterungen der Gesetze unübersehbar. Darüber hinaus werden – so innerhalb der Europäischen Union oder durch die oben genannten ‚weltgesellschaftlichen' Organisationen – die nationalen Gesetzgebungen immer wieder unterlaufen oder überformt durch eine neue APO: eine neue, mächtige Form ‚außerparlamentarischer Ordnung'.

Pluralistisch strukturierte Nationalstaaten haben aber nicht nur mit diesen Widersprüchen zu kämpfen, sondern auch mit dem Versagen einer Lösungsformel, die Niklas Luhmann vor vielen Jahren vorgeschlagen hat: „Konsens durch Verfahren" – wenn ‚materialer', inhaltlicher Konsens zunächst nicht möglich ist. Diese Formel bewährt sich nicht mehr in Gesellschaften, Organisationen und Parlamenten, in denen, wie zunehmend zu beobachten ist, über die Gültigkeit der Verfahren gestritten wird. Nebenbei: Es kann sogar sein, dass Konsens über ein gemeinsames Thema oder Problem besteht, der Interessenkonflikt dadurch aber keineswegs gelöst wird. Friedrich der Große fasste eine solche Situation mit dem schönen Bonmot zusammen: ‚Maria Theresia und ich – wir wollen genau dasselbe: Schlesien'.

Sowohl am Streit über Verfahren als auch an des Großen Friedrichs Bonmot zeigt sich, dass auch eine weitere Hoffnung nicht ohne Weiteres trägt: Die Hoffnung auf die Wirksamkeit des Dialogs an sich, nicht einmal die Hoffnung auf die ‚kontrafaktische Wirksamkeit' dieses Instrumentes. Schon die Ausdrücke *dialogos,* oder – bezogen auf mehrere Diskursteilnehmer – *polylogos* verweisen auf einer Gesprächsstruktur, in der unterschiedliche ‚Logiken' und Sprechweisen aufeinanderstoßen, die möglicherweise nicht zueinanderfinden. Weder der Dialog noch der Polylog sind auf einen endgültigen Abschluss festgelegt – schon gar nicht, lässt sich vermuten, auf einen glücklichen. Der ‚herrschaftsfreie Diskurs', das Problemlösungsmodell eines deutschen Philosophieprofessors, weist dementsprechend einen Realitäts- und Realisierungswert auf, der empirisch ungefähr dem des Begriffes ‚Weltgesellschaft' entspricht.

Ein weiterer Versuch pluralistischer Gesellschaften, in der praktischen Rechtsprechung mit kulturellen und religiösen Differenzen umzugehen, besteht darin, Rechtsprechung und Ethnologie zusammenzubringen. So wie im Falle ‚mutmaßlich pathologischen Verhaltens' seit langem Psychiater als Gutachter berufen werden, setzt man heute in einigen Gerichten dann auf Ethnologen und deren Expertise, wenn es um ‚brauchtumsbedingte' Delikte geht (verletzte Ehre, „Zwangsehe" etc.). Dementsprechend bemühen sich die juristischen Fakultäten der deutschen Universitäten darum, neue curriculare Elemente in ihre Studiengänge zu integrierten: islamisches Recht, islamische Wirtschaftsethik, islamisches Familienrecht. Was an den Gerichten in der konkreten Rechtsprechung immer schon geleistet werden muss – eine ‚inkludierende Übersetzung' kultureller und religiöser Unterschiede, ohne die keine einzelfallspezifische Entscheidung gefällt werden kann – wird damit folgerichtig zum Ausbildungsinhalt des Studiums der Rechte in pluralistischen Gesellschaften.

Schon immer war und ist die Justiz in allen ihren Facetten, wenn auch oft mit zeitlicher Verzögerung und gedämpfter Reaktionsgeschwindigkeit, ein Spiegel ihrer Gesellschaft. Nahezu alle Ungeheuerlichkeiten und Variationen des Sozialen finden sowohl ihre Bühnen in den Gerichtsräumen als auch ihre Zuordnungen zu den Ordnungen des Rechts. Es ist immer ein Recht, das sich seinerseits der fundamentalen Bedrohung aller Gesellschaften durch Anomie als realer oder befürchteter Unordnung verdankt. Denn eine der konkreten Antworten auf die Frage, wie gesellschaftliche Ordnung hergestellt werden könne, ist die Herstellung einer Rechtsordnung. Diese wiederum muss sich, wenn sie durchgesetzt werden soll, auf ein gesellschaftlich institutionalisiertes Gewaltmonopol stützen, also auf ‚mittelbare', fragmentierte Gewalt. Es gilt daher beides: „Hinter den Gerichten [steht] das Gewaltmonopol", und „fragmentierte Gewalt existiert auf Dauer nur als verrechtlichte und unter dem Schutz des Gewaltmonopols."[6] Für pluralistische Gesellschaften scheint sich die Bedrohung gesellschaftlicher Ordnung noch potenziert zu haben. Anderseits aber bietet sich diesen Gesellschaften die Chance, Unterschiede als das zu begreifen, was Veränderung möglich macht, als etwas, das geschlossene in ‚offene Gesellschaften' (Karl Popper) und Kulturunterschiede in eine ‚Kultur des Unterschieds' (Richard Sennett) transformieren kann.

Damit eine solche Transformation gelingt, bedarf es jedoch eines Vertrauens der Bürger in eine – zumindest institutionell abgesicherte – Stabilität der Gesellschaft, also auch, wenn nicht vor allem, in die Stabilität des staatlichen Gewaltmonopols.[7] Wie aber soll ein solches Vertrauen hergestellt werden? Gerade pluralistisch orientierte Gesellschaften und Staaten scheinen darauf zu hoffen, dass die von ihnen vorgetragene zirkuläre Argumentation entweder nicht durchschaut oder trotz ihrer Zirkularität für tragfähig gehalten wird: Der Staat erwartet von seinen Bürgern, dass sie sich ihm gegenüber loyal verhalten und setzt seinerseits voraus, dass durch diese Loyalität die faktische Wirksamkeit seines Gewaltmonopols abgesichert wird. Es wäre illusorisch zu glauben, dass sich eine solche Vertrauensbildung von allein ergibt. Ohne ein gesellschaftliches Erziehungsprogramm, das jedes Gesellschaftsmitglied schon frühzeitig einschließt, ist sie nicht zu erreichen. Denn eines ist sicher: „Standards der Vertrauenssicherung kommen nicht auf dem Wege eines Erlasses zustande."[8]

An der Unterstellung eines – durch den Gesellschaftsvertrag fundierten – wechselseitigen Loyalitätsverhältnisses zwischen den Bürgern und ‚ihrem' Staat wird eine weitere Zirkularität in der Absicherung des staatlichen Gewaltmonopols erkennbar: Als fragmentarische Gewalt kann das Gewaltmonopol das Recht der Bürger „*faktisch* nur in Grenzen garantieren; dass diese Gewalt dennoch als eine *umfassende wahrgenommen* wird, liegt daran, dass sie ergänzt wird durch die wechselseitige [...] Unterstellung der alltäglichen Gewaltabstinenz. Ohne diese Unterstellung funktionierte das Gewaltmonopol nicht, ohne das Gewaltmonopol zerfiele diese Unterstellung."[9] Und ohne ein gesellschaftliches Erziehungsprogramm sowie stete Übung ließen sich diese Unterstellungen weder etablieren noch aufrechterhalten.

So viel zur Beschreibung der ‚geistigen Situation unserer Zeit' (Karl Jaspers) und der mit ihr konfrontierten, pluralistischen Gesellschaften. Es ist eine Problemsituation, die nach Antworten verlangt. Eine dieser Antworten versuche ich zu entwickeln, indem ich

6 Reemtsma, Jan Philipp (2008): Die Natur der Gewalt als Problem der Soziologie, in: Rehberg, Karl Siegbert (Hrsg.), Die Natur der Gesellschaft. Verhandlungen des 33. Kongresses der Deutschen Gesellschaft für Soziologie in Kassel 2006. Teil 1, Frankfurt/M, S. 60.

7 Vgl. ebenda.

8 Reemtsma, Jan Philipp (2004): Krull in der Eisenbahn, in: Reichertz, Jo et al. (Hrsg.): Hermeneutik der Kulturen – Kulturen der Hermeneutik. Zum 65. Geburtstag von Hans-Georg Soeffner, Konstanz, S. 22.

9 Ebenda, S. 26, Hervorhebungen im Original.

zunächst den immer wieder spürbaren und erfahrbaren Gegensatz zwischen ‚Gesetz und Recht' einerseits und menschlichem ‚Rechtsgefühl' andererseits zum Gegenstand mache.

Recht als Kulturbegriff und die Idee der Gerechtigkeit

Das in diesem Gegensatz enthaltene Problem formuliert Fritz Mauthner aus beinahe lebensweltlicher Perspektive folgendermaßen: „Wir finden *in* uns ein undefinierbares Rechts*gefühl*, und wir finden *draußen* gut definierte Gesetze."[10] Mit eben dieser Problematik setzt sich Gustav Radbruch in seiner Rechtsphilosophie von 1914[11] auseinander, in der er die sogenannte Radbruch-Formel entwickelt, die bis heute – hoffentlich – in jedem Jurastudium thematisiert wird. Ich gehe im Folgenden kurz auf Radbruchs Argumentation ein, auch wenn zeitgenössische, juristische Experten sie vielleicht für überholt oder allzu idealistisch halten. Mir scheinen Radbruchs Überlegungen, wenn man sie mit jenen Ernst-Wolfgang Böckenfördes zu einem Grundproblem des freiheitlich säkularisierten Staates verbindet, nach wie vor nicht nur ‚zeitgemäß', sondern auch in einem besonderen Sinne modern zu sein.

Radbruch beginnt seine Argumentation so, als sei die Rechtswissenschaft immer schon auch eine Kulturwissenschaft: „Der Begriff des Rechts ist ein Kulturbegriff", und man glaubt Max Weber zu hören, wenn Radbruch fortfährt: „d.h. ein Begriff von einer wertbezogenen Wirklichkeit, einer Wirklichkeit, die den Sinn hat, einem Werte zu dienen."[12] Es folgt eine erste Version der ‚Radbruch-Formel': „Recht ist die Wirklichkeit, die den Sinn hat, dem Rechtswerte, der Rechtsidee, zu dienen. Der Rechtsbegriff ist also ausgerichtet an der Rechtsidee. Die Idee des Rechts kann nun keine andere sein als die Gerechtigkeit."[13] Dass der Kantianer Radbruch auch Platon gut kennt und in die eigenen Dienste zu nehmen versteht, sieht man, wenn es im Anschluss heißt: „Wir sind [...] berechtigt, bei der Gerechtigkeit als einem letzten Ausgangspunkt Halt zu machen, denn das Gerechte ist wie das Gute, das Wahre, das Schöne ein absoluter, d.h. aus keinem anderem Werte ableitbarer Wert."[14] Dabei stellt sich „das Ideal des sittlich Guten [...] in einem Idealmenschen, [als] als das Ideal der Gerechtigkeit in einer idealen Gesellschaftsordnung dar."[15]

Für diese rechtsphilosophisch gewendete ‚Metaphysik der Sitten' und eine in ihr verankerte ideale Gesellschaftsordnung, die sich der Idee der allgemeinen Menschenrechte verpflichtet fühlt, gilt in meiner Interpretation als – deutlich erkennbare – Grenze der Zulässigkeit von Einzelinteressen der Grundsatz: Menschenrechte müssen gegenüber Menschenrechtsverletzungen, wie auch immer diese ‚legitimiert' werden, intolerant sein – auch dann, wenn man deren ‚pragmatische' Motive nachvollziehen kann. So hat sich in

10 Mauthner, Fritz (1980): a.a.O., S. 308.
11 Radbruch, Gustav (1914[1973]): Rechtsphilosophie, Stuttgart.
12 Radbruch, Gustav (1914[1973]): a.a.O., S. 119.
13 Ebenda.
14 Ebenda, S. 120.
15 Ebenda, S. 121.

der Nachfolge der Aufklärung die Moderne einerseits auf den Grundsatz verpflichtet, jede – auch staatliche – Gewalt zu beschränken und zu kontrollieren, die nicht dazu eingesetzt wird, Gewaltpotenziale zu minimieren.

Darin drückt sich ein typisches Selbstverständnis moderner ‚westlicher' Gesellschaften aus. Diesem geht es daher, so Jan Philipp Reemtsma, um „die De-Legitimierung einer Gewalt, die nicht dem Zweck dient, Gewalt einzudämmen und dort, wo sie legitim ist, Gewalt institutionell einzurahmen".[16] Andererseits bezeichnet Reemtsma diese Strategie mit Recht als einen „typischen Modernismus"[17], denn es handelt sich bei ihr um die ideologische Überhöhung der ohnehin notwendigen, konkreten Ausgestaltung von Gesellschaftsverträgen, in denen die Bürger, um sich vor den Egoismen der anderen und der gewaltförmigen Durchsetzung von Einzelinteressen zu schützen, das Gewaltmonopol dem Staat übertragen haben. Radbruch dagegen verlagert seine Überlegungen *vor* konkret ausformulierte, bereits gültige und umgesetzte Gesellschaftsverträge: Das „Ideal der Gerechtigkeit in einer idealen Gesellschaftsordnung" (s.o.) ist für ihn, den ‚platonischen Kantianer', zugleich bloße Idee der Vernunft und praktisch wirksame Maxime. Vertrags- und Gerechtigkeitsideal werden also zusammengezogen und nicht nur als Bedingung der Möglichkeit von Gesellschaftsverträgen, sondern auch als Richtschnur für die Umsetzung des staatlichen Gewaltmonopols gesehen.

Wer Radbruchs Argumentation nur oberflächlich liest, könnte den Eindruck gewinnen, das Vertrauen auf die Wirkung der Rechtsidee und der Gerechtigkeit sei etwas Ähnliches wie der naive Glaube an die Kraft dessen, was Mauthner das ‚Rechtsgefühl' nennt. Dieser Eindruck ist falsch, auch wenn Radbruch betont, dass ‚Rechtsidee' und ‚Gerechtigkeit' nicht juristischer, sondern, im Verhältnis zur Rechtswissenschaft, ‚apriorischer Natur' seien. Immer auch steht die als universalistisch gedachte und entworfene Gerechtigkeitsidee im Konflikt mit historisch, kulturell und religiös verankerten Rechtsquellen, die von ihr kontrolliert werden sollen. Deren faktisch wirksame, normative Ansprüche prägen jedoch jedes ausformulierte Recht und dieses, so Radbruch, tendiere immer dazu, sich selbst zu legitimieren. Es gebe, und dies ist eine für den transnationalen Rechtsvergleich bis heute gültige Einsicht, „kein Recht", das nicht auf die Frage nach dem Ursprung seines normativen Charakters eine Antwort „schuldig bliebe." Und es gebe auch kein Recht, das „nicht zu einer Antwort fähig wäre."[18]

Gegen den faktischen Relativismus miteinander konkurrierender Normen und Wertvorstellungen hebt Radbruch die ebenso faktisch wirksame, kulturübergreifende Idee der ‚Gleichheit vor dem Gesetz' heraus. Diese Idee wird für ihn aber nicht im platonischen Ideenhimmel verortet, sondern sie verdankt sich, wie bei Kant, einer negativen Anthropologie: der Einsicht in die faktische Ungleichheit der Menschen. Gleichheit sei, so Radbruch, „immer nur Abstraktion von gegebener Ungleichheit unter einem bestimmten Gesichtspunkte"[19] und zwar dem des für alle gültigen Rechts.

16 Reemtsma, Jan Philipp (2008): a.a.O., S. 47.
17 Ebenda.
18 Radbruch, Gustav (1914[1973]): a.a.O., S. 125.
19 Ebenda, S. 122.

Sichtbarer als andere sind pluralistische Gesellschaften gekennzeichnet durch die Allgegenwart und Betonung von Ungleichheiten und Differenzen, seien diese sozialstruktureller, religiöser, ethnischer oder kultureller Art. Gerade in pluralistischen Gesellschaften ist die unter dem ‚Gesichtspunkte des für alle gültigen Rechts' zu leistende Abstraktion von gegebener Ungleichheit unverzichtbar. Allerdings darf die Abstraktion nicht so ausfallen, dass der Einzelfall und seine Besonderheit in ihr unkenntlich werden und versinken. Dieser Gefahr begegnet Radbruch, indem er für die von ihm entworfene Justiz in einer nicht nur idealen, sondern auch konkret realisierbaren Gesellschaftsordnung die Maxime der „Billigkeit" formuliert: Während die Gerechtigkeit den Einzelfall unter dem Gesichtspunkt der allgemeinen Norm ansehe, habe die Billigkeit in der konkreten Rechtsprechung im Einzelfall dessen „eigenes Gesetz" zu suchen, allerdings so, dass sich dieses schließlich gleichfalls „zu einem allgemeinen Gesetz erheben lassen müsse!"[20]

In der Feststellung, die Billigkeit sei die Gerechtigkeit des Einzelfalles, klingt Kants Kategorischer Imperativ unüberhörbar durch: Moderne Rechtsprechung darf nicht zur Subsumtionsmaschinerie werden. Sie muss so verfahren, dass der Einzelfall an der Rechtsidee teilhat und diese erkennen kann. An dieser Maxime hat sich jede Gesetzgebung auszurichten. Dabei erkennt und berücksichtigt der Gesetzgeber die eigene historische und kulturelle Bedingtheit dann am besten, wenn er sie durch die allgemeine Rechtsidee, die Idee der Gerechtigkeit, kontrolliert: Wie bei Kant im Hinblick auf den Gesellschaftsvertrag, so gilt bei Radbruch, dass die Gerechtigkeit keineswegs als ein „*Faktum*" vorauszusetzen nötig sei. Auch sie sei zwar „eine bloße *Idee* der Vernunft, die aber ihre unbezweifelte (praktische) Realität habe, nämlich, jeden Gesetzgeber zu verbinden, dass er seine Gesetze so gebe, als ob sie aus dem vereinigten Willen eines ganzen Volkes haben entspringen können". Dabei müsse jedes Gesellschaftsmitglied, sofern es Bürger sein wolle, so angesehen werden, als ob es einem solchen vereinigten Willen mit zugestimmt habe. „Denn das ist der Probierstein der Rechtmäßigkeit eines jeden öffentlichen Gesetzes."[21] Ein Staat und sein Rechtssystem sind also, so meine hieran anschließende Argumentation, nicht gerechtfertigt, *weil* sie auf einem Gesellschaftsvertrag beruhen. Sie sind es nur dann, *wenn* sie sich so deuten lassen, als sei der Gesellschaftsvertrag auf Basis der Gerechtigkeitsidee geschlossen worden: Vor allem ein pluralistisch strukturiertes Staatswesen kann von seinen Bürgern nur dann Loyalität erwarten, wenn es so angesehen wird, als sei es im Interesse eines jeden seiner Mitglieder entstanden und deswegen zu erhalten.

Diese – hier für pluralistische Gesellschaften entworfene – Kompilation aus Radbruch-Formel, kantischer Vertragstheorie und Kultursoziologie ergänze ich zum Abschluss mit einem Hinweis auf den oft vergessenen Hintergrund der provozierenden Feststellung Ernst-Wolfgang Böckenfördes, der säkularisierte Staat lebe von Voraussetzungen, die er selbst nicht garantieren könne, ohne seine Freiheitlichkeit infrage zu stel-

20 Ebenda, S. 123.

21 Alle Zitate: Kant, Immanuel (1793[1971]): Über den Gemeinspruch: Das mag in der Theorie richtig sein, taugt aber nicht für die Praxis, in: derselbe in zehn Bänden, hg. v. Wilhelm Weischedel, Darmstadt, Bd. 9, S. 153.

len.[22] Böckenförde setzt, wie Niccolò Machiavelli, bei dem man dies wegen seines – bei Gesinnungsethikern – schlechten Rufes nicht erwarten würde, auf folgende Maxime: „Wer einem Staatswesen eine Verfassung zu geben hat, tut immer klug daran, Vorsorge für den Schutz der Freiheit zu treffen. Dies ist eine der notwendigsten Einrichtungen: Von dieser hängt es ab, ob die bürgerliche Freiheit von längerer oder kürzerer Dauer ist."[23]

Böckenförde sieht sowohl den Vorzug als auch das Dilemma von freiheitlichen, säkularisierten und demokratischen Verfassungen darin, dass sie das schwächste Element der Gesellschaft, das Individuum, schützen, indem sie es einerseits in seiner Freiheit zu stärken versuchen. Jeder Einzelne soll jedoch andererseits die Wahlfreiheit, die man ihm zugleich gibt und auferlegt, dazu nutzen, sich gegenüber dem Staat und den Gesetzen, die ihn schützen, loyal zu verhalten. Diese Zirkularität und die aus ihr entspringenden Paradoxien bilden den Ausgangs-, nicht aber den Endpunkt der Überlegungen Böckenfördes. Insbesondere am Beispiel des Rechts auf Religionsfreiheit verdeutlicht er, auf welche Weise eine augenfällig Paradoxie aufgelöst und in eine Position überführt werden kann, aus der heraus der Bürger zugleich Gesinnungsfreiheit und Rechtssicherheit genießen kann. Anders als die vernebelnde Melange aus politischen Debatten und Talkshow-Parlamentarismus stellt Böckenförde fest, „das Maß der Verwirklichung der Religionsfreiheit bezeichne das Maß der *Weltlichkeit* [Hervorhebung H-GS] des Staates".[24]

Es geht also um die Freiheit des Individuums, sich für eine eigene – hier religiöse – Werthaltung zu entscheiden. Der „freiheitliche Staat" dagegen, so damals, Ende der sechziger Jahre, Böckenförde gegen Schelsky, könne und solle vom Bürger als Bedingung für den Bürgerstatus *kein* Wertebekenntnis verlangen – wie es die offene oder verdeckte Rede von der „Leitkultur" auch heute wieder nahelegt. Wohl aber habe der Bürger die Gesetze des Staates zu akzeptieren und zu befolgen.[25] Kurz: Vom Staatsbürger wird Gesetzes- nicht Gesinnungstreue verlangt. Damit stellt Böckenförde die Einsicht in Heterogenität und Pluralismus moderner Gesellschaften bewusst gegen die Zumutung einer Gemeinsamkeit in der Gesinnung.

In Böckenfördes Idee des „freiheitlichen Staates" lässt sich der Versuch erkennen, ein weiteres Grundproblem demokratischer Staaten und des „Wesens" (Kelsen) der Demokratie zu lösen: Wenn „politisch frei ist, wer zwar Untertan, aber nur seinem eigenen, keinem fremden Willen untertan" sein soll, eröffnet sich ein „prinzipieller Gegensatz der Staats- und Gesellschaftsformen."[26] Darin geht es um eine Antwort auf die schon von Rousseau gestellte Frage nach dem besten ‚Staatswesen': „Wie findet man eine Gesellschaftsform, die mit der ganzen gemeinsamen Kraft die Person und das Vermögen jedes

22 Böckenförde, Ernst-Wolfgang (1976): Die Entstehung des Staates als Vorgang der Säkularisierung", in: ders.: Staat, Gesellschaft, Freiheit, Frankfurt/M., S. 42–64, hier: S. 60.

23 Machiavelli, Niccolò (2007): Discorsi. Gedanken über Politik und Staatsführung, übers. u. eingel. v. Rudolf Zorn, Stuttgart, Bd. 1, S. 30.

24 Böckenförde, Ernst-Wolfgang (1976): a.a.O., S. 57.

25 Böckenförde, Ernst-Wolfgang (1978): Der Staat als sittlicher Staat, Berlin, S. 24ff.

26 Kelsen, Hans (1929[2018]): a.a.O., S. 10.

Gesellschaftsmitgliedes verteidigt und schützt" und in der „jeder einzelne, obgleich er sich mit allen vereint, gleichwohl nur sich selbst gehorcht und so frei bleibt wie vorher?"[27]

Ich schließe meine Überlegungen zu möglichen Grundlagen eines transnationalen Kultur- und Rechtsvergleichs mit einem Antwortversuch, indem ich Böckenfördes Idee des „freiheitlichen Staates", der den ‚Polytheismus' der Werte zugleich anerkennt *und* schützt, verbinde mit dem ‚Monotheismus' der Gerechtigkeitsidee, der den Polytheismus der Werte kontrolliert und dadurch im Pantheon pluraler Gesellschaften für eine Balance in der heterogenen Götterversammlung sorgt. Dem einzelnen Staatsbürger wird in einem solchen Gesellschaftsvertrag die Fähigkeit und die Aufgabe abverlangt, den unterschiedlichen Fundamentalismen distanziert, d.h. zwar *perspektivisch* verstehend, zugleich aber politisch und rechtlich entschieden entgegenzutreten, wenn die den Gesellschaftsvertrag schützenden Gesetze nicht befolgt werden.

Damit sind, hoffe ich, die Konturen dessen erkennbar geworden, was ich für die Basis eines „inkludierenden" transnationalen Kultur- und Rechtsvergleiches halte. Es bleibt der Empirie überlassen, uns darüber zu belehren, wie weit es möglich ist, die Hintergrundidee der Gerechtigkeit zugleich als „bloße Idee der Vernunft" *und* als „unbezweifelbare praktische Realität" (Kant) zum Leitfaden eines transkulturellen Rechtsvergleiches zu machen.

27 Rousseau, Jean-Jaques (1762[1974]): Der Gesellschaftsvertrag oder die Grundsätze des Staatsrechtes. Stuttgart, 1. Buch, 6. Kapitel, S. 17.

Schriftauslegung im Islam

Die Spannung zwischen der Spiritualität und der Normativität des Korans

Mouhanad Khorchide

Der Prophet Mohammed hat kein ausgearbeitetes islamisches Recht hinterlassen, sondern den Koran, sowie seine eigenen Aussprüche (Hadithe), die allerdings erst viel später nach seinem Tod gesammelt und schriftlich fixiert wurden. Die Notwendigkeit einer Systematisierung und Etablierung eines islamischen Rechts ergab sich vor allem seit dem 8. Jahrhundert mit der starken Ausweitung des islamischen Territoriums. Im 9. Jahrhundert etablierte sich dann endgültig die islamische Normenlehre (*Fiqh*) samt ihren Methoden (*Usūl al-fiqh*) als eine eigenständige Disziplin. Mohammed Ibn Idrīs Asch-Schāfiʿī (767–820) gilt als einer der ersten und bedeutendsten Gelehrten, die das islamische Recht systematisch erfasst haben. Sein Werk „Ar-Risāla" (Sendschreiben) gilt als das erste Werk zum Thema „Methoden der islamischen Normenlehre"[1].

Das islamische Recht hat sich sukzessive im Laufe mehrerer Jahrhunderte in verschiedenen islamischen Ländern entwickelt, und zwar nicht ohne den Einfluss der vorherrschenden Kulturen und Verwaltungsstrukturen dieser Länder. „So ist auch das islamische Recht keineswegs ein präzises Gesetzbuch, sondern ein höchst komplexes System von Normen und Regeln, welche die Auffindung und Interpretation der Normen erst möglich machen."[2] Dabei gelten der Koran und die Überlieferungen des Propheten Mohammed (Sunna bestehend aus einzelnen Aussprüchen des Propheten bzw. Aussprüchen seiner Gefährten, die man als Hadith (Plural: Hadithe) bezeichnet) als die zwei Hauptquellen der Ableitung islamischer Normen. Beide gelten als Grundlage für weitere Überlegungen. Neben dem Koran und der Sunna gibt es eine Reihe weiterer Quellen der Ableitung islamischer Normen. Anders als bei Koran und Sunna herrscht über diese weiteren Quellen keine Einigkeit unter den muslimischen Gelehrten.

Die sunnitischen Gelehrten sind sich über folgende vier Quellen der islamischen Normenlehre einig: Koran, Sunna, Konsens (*Idschmāʿ*) und Analogieschluss (*Qiyās*)[3]. Dabei muss man anmerken, dass, wenn hier die Rede von Koran und Sunna als Quellen ist, dies keineswegs heißen soll, dass die Normen ohne Weiteres in ihnen zu finden sind, sondern

1 Vgl. Fuat Sezgin, Geschichte des arabischen Schrifttums. Bd. I, Leiden 1967, 484f.

2 Mathias Rohe, Das islamische Recht. Eine Einführung, München 2013, 15.

3 Vgl. Mouhanad Khorchide, Scharia. Der missverstandene Gott, Freiburg i. Br. 2013, 82ff.

sie bedürfen der Ableitung und der Interpretation. Neben den genannten vier Quellen gibt es weitere, wie die rechtliche Präferenz (*Al-Istihsān*), das Gemeinwohl (*Al-Maslaha al-mursala*), das Brauchtum (*Al-ʿUrf*), die Taten der Prophetengefährten (*Madhhab as-sahābi*) und die Gesetzgebung anderer Propheten (*Scharʿ man qablana*). Die vier Hauptquellen haben nicht denselben Rang: Der Koran hat die höchste Autorität, gefolgt von der Sunna, dann dem Konsens und schließlich dem Analogieschluss. Die Ableitung von Normen aus dem Koran und der Sunna geschieht unmittelbar aus dem Textkorpus, beim Konsens und dem Analogieschluss wird nur mittelbar aus dem Text abgeleitet. Deshalb spricht man bei den letzten beiden von *Idschtihād*. *Idschtihād* (aus der arabischen Wurzel *Dschuhd*, im Sinne von Anstrengung) bedeutet in diesem Zusammenhang, dass das Bemühen darauf abzielt, islamische Normen zwar auf der Grundlage von Koran und Sunna abzuleiten, die nicht jedoch direkt aus ihnen zu entnehmen sind. Die muslimischen Gelehrten berufen sich dabei auf folgenden Dialog zwischen dem Propheten Mohammed und seinem Gefährten Muʿādh Ibn Dschabal, den der Prophet nach Jemen entsandte. Mohammed fragte ihn: ‚Wie würdest du zwischen den Menschen richten?'. Muʿādh antwortete: ‚Mit dem Koran'. Dann fragte ihn der Prophet: ‚Und was, wenn du dort keine Antwort findest?', Muʿādh sagte: ‚Dann richte ich nach der Sunna'. Der Prophet fragte: ‚Und was, wenn du dort keine Antwort findest?'. Muʿādh antwortete: ‚Dann strenge ich mich selbst durch meine eigene Vernunft an und gebe mir dabei viel Mühe'. Mohammed bestätigte diese Vorgehensweise mit den Worten: ‚Gepriesen sei Gott, der den Gesandten des Gesandten Gottes zu dem geführt hat, was dem Anliegen des Gesandten Gottes entspricht'[4].

Die so oft verwendete Bezeichnung „Islamisches Recht" kann mitunter etwas irreführend sein, denn Recht, wie wir es heute verstehen, „lebt maßgeblich von seiner weltlichen Befriedungsfunktion und greift hierfür nötigenfalls auch auf Mittel (staatlicher) Gewalt zurück"[5]. Das bedeutet, dass die Durchsetzung von Recht im Diesseits erzwingbar ist. Die Durchsetzung religiöser Vorschriften, wie das rituelle Gebet oder das Fasten, wird hingegen in der Regel nicht erzwungen. Bei Nichtachtung religiöser Vorschriften droht hauptsächlich eine jenseitige Sanktion. „Dies ist nur dann anders, wenn auch religiöse Vorschriften aufgrund einer Entscheidung der jeweiligen Machthaber mit diesseitigen Sanktionen durchgesetzt werden."[6] Das Recht gilt zudem weitgehend territorial, also für ein bestimmtes Territorium und unabhängig von der Eigenart der Person, die sich auf dem Territorium der rechtsetzenden Macht aufhält. Religiöse Vorschriften gelten in der Regel jedoch nur für Angehörige der jeweiligen Glaubensgemeinschaft und sind nicht territorial gebunden. Das Gebot zum Beten gilt zum Beispiel für den Muslim, unabhängig von dem Territorium, auf dem er sich aufhält.

Diese Unterscheidung zwischen Recht und islamischen Normen ist deshalb wichtig, damit das Missverständnis vermieden wird, Muslime wollten das gültige territoriale Rechtssystem über Bord werfen, wenn sie von religiösen Normen sprechen, wie das Ge-

4 Überliefert nach at-Tirmidhī, Hadith-Nr. 1327.

5 Mathias Rohe, Das islamische Recht. Geschichte und Gegenwart, München 2009, 9.

6 Ebd.

bot zum Beten oder Fasten, bzw. das Gebot der Güte zum Nächsten und vor allem zu den Eltern sowie das Verbot von Alkoholgenuss und Schweinefleischverzehr.

Ich möchte mich in meinen Ausführungen auf den Koran als Hauptquelle islamischer Normenlehre konzentrieren sowie auf das Verständnis der Offenbarung, um die Spannung zwischen der Spiritualität und der Normativität des Korans aufzuzeigen.

Monologisches versus dialogisches Verständnis der Offenbarung des Korans

Der Glaube an die göttlichen Offenbarungen (tatsächlich im Plural), dazu gehört auch der Koran, ist einer der sogenannten sechs Glaubenssätze des Islams[7]. Es gibt im Islam eine Bandbreite an Zugängen zum Koran und unterschiedlichen Auslegungstraditionen. Mir geht es an dieser Stelle nicht darum, diese vorzustellen oder auf sie einzugehen, sondern idealtypisch zwei Positionen nebeneinander zu stellen, die so in der Realität in dieser hier zugespitzten Form kaum anzutreffen sind. Allerdings stelle ich diese beiden Zugänge zum Koran aus heuristischen Gründen vor, um zu verdeutlichen, wo die innerislamische Trennlinie verläuft. Die in der Realität vorhandene Bandbreite an Positionen besteht zwar meist aus Mischformen zwischen den beiden Zugängen, sie tendieren jedoch meistens entweder in die eine oder andere Richtung.

Ich nenne den ersten Zugang den monologisch-abgeschlossenen und den zweiten den dialogisch-offenen. Wie der Leser schnell feststellen wird, mache ich mich hier wie auch in meinen anderen Schriften für letzteren stark[8].

Die Offenbarung des Korans als Monolog Gottes aufzufassen, impliziert ein Verständnis vom Koran als ewige Selbstrede Gottes, die kontextunabhängig ist. Nach diesem Offenbarungsverständnis hat Gott sein heiliges Wort auf ahistorische Weise offenbart, die jegliche Berücksichtigung des Offenbarungskontextes, sowohl um den Offenbarungsprozess selbst zu verstehen als auch um den Koran auszulegen, überflüssig macht. Nach diesem Verständnis der Offenbarung wäre jegliche Relativierung des koranischen Ausdrucks, indem dieser im historischen Kontext der Verkündigung verortet wird und nicht mehr der Wortlaut ins Hier und Heute übertragen werden soll, eine Art Verfälschung des Korans. Verfechter dieses Offenbarungsverständnisses wollen die Souveränität Gottes wahren und meinen daher, dass sich Gott von keinem historischen Kontext abhängig macht[9]. Gottes Rede gelte allen Menschen zu allen Zeiten in gleicher Weise. Dementsprechend habe Gott alles im Koran gesagt, was es zu sagen gebe. Der Koran sei daher ein abgeschlossenes Buch. Muslime müssten nur im Koran nachlesen, ihn philologisch richtig verstehen, dann wüssten sie, was Gott ihnen genau sagen wolle, wobei der Koran nach dieser Lesart auf eine Ansammlung an überzeitlichen Instruktionen reduziert wird.

---

7 Dazu gehören: Der Glaube an Gott, an seine Engel, an seine Offenbarungen (heilige Schriften), an seine Propheten, an den jüngsten Tag (das Leben nach dem Tod) und der Glaube an einen Masterplan Gottes (wird oft missverständlich mit Schicksal zum Ausdruck gebracht).

8 Vgl. Mouhanad Khorchide, Gottes Offenbarung in Menschenwort. Der Koran im Lichte der Barmherzigkeit, Freiburg i. Br. 2018.

9 Vgl. Klaus von Stosch, Herausforderung Islam: Christliche Annäherungen, Paderborn 2016, 11ff.

Heutigen Muslimen, die zum Beispiel die im Koran vorkommenden Körperstrafen des 7. Jahrhunderts historisch kontextualisieren und daher für nicht mehr gültig ansehen, wird vorgeworfen, Verfälscher von Gottes ewigem Wort zu sein.

Die Offenbarung als Dialog Gottes bedeutet hingegen ein Verständnis vom Koran als in der Zeit stattgefundene offene Kommunikation, die vom historischen Kontext der Verkündigung des Korans im 7. Jahrhundert auf der arabischen Halbinsel geprägt ist[10]. Ein kommunikationsdialogisches Verständnis der Offenbarung (wie z.B. bei Nasr Ḥāmid Abū Zaid[11]) betont also ihren historischen und prozesshaften Charakter als Verkündigung in der Zeit. Angelika Neuwirth unterstreicht zurecht, dass der Koran das Zeugnis einer Gemeindebildung im 7. Jahrhundert darstellt[12]. Der Koran ist nach diesem Verständnis ein Medium der Kommunikation zwischen Gott und den Menschen – und zwar nicht nur für die Erstadressaten des Korans im 7. Jahrhundert auf der arabischen Halbinsel. Vielmehr stellt er ein Kommunikationsangebot und zugleich eine Beziehungszusage an alle Menschen dar. Gerade hierin besteht sein universaler Anspruch. Und genau dieses Kommunikationsangebot und diese Beziehungszusage des Korans, die Ausdruck der Barmherzigkeit Gottes ist – verstanden als die bedingungslose Zuwendung und Zusage Gottes an die Menschen – stellt den eigentlichen Inhalt des Korans dar. Entsprechend wäre die Aufgabe einer der Barmherzigkeit Gottes gerecht werdenden koranischen Hermeneutik, nach diesem Kommunikationsangebot und nach der Beziehungszusage Gottes in seinen Aussagen zu suchen, die zuerst einmal geschichtliche Zeichen sein wollen, die den Menschen erlauben, sich vertrauensvoll zu Gott in Beziehung zu setzen.

Nach diesem Verständnis ist der Koran kein Monolog Gottes, denn die Anliegen der Erstadressaten des Korans im 7. Jahrhundert, ihre Ängste, Hoffnungen, Sorgen, Narrative, ihre linguistische sowie kulturelle Sprache usw. waren konstitutiv für die koranische Rede. Und wenn sich Gott den Menschen nach dieser Auffassung in einer kommunikativen Offenbarung zugänglich macht, dann bleibt diese Offenbarung solange dynamisch, solange es Gläubige gibt, welche die Kommunikation mit Gott fortführen. Was heißt das genau?

Der Begriff Koran bedeutet das Vorgetragene. Der Koran versteht sich selbst als Rede, als Vortrag und nicht als Buch. Als Buch wurde der Koran nach dem Tod des Propheten Mohammed zusammengestellt. Wenn man im Koran liest, dann kann man Formulierungen entdecken wie: „Sie fragen dich (Mohammed) nach ... Sag ihnen dies und jenes." Solche Formulierungen im Koran machen klar, dass es sich beim Koran nicht um einen Monolog handelt, denn es findet hier offensichtlich Kommunikation statt. In dieser Kommunikation kommen mehrere Akteure zu Wort. Das Anliegen und die konkreten Fragen und Erfahrungen der Erstadressaten waren also offensichtlich konstitutiv für die koranische Rede.

10 Vgl. Angelika Neuwirth, Der Koran als Text der Spätantike. Ein europäischer Zugang, Berlin 2010.

11 Vgl. Nasr Hamid Abu Zaid, Gottes Menschenwort. Für ein humanistisches Verständnis des Koran, Freiburg 2009.

12 Vgl. Neuwirth, Der Koran als Text der Spätantike, 451ff.

Der Koran ist, wie der Koranforscher Nasr Hamid Abu Zaid sagt: „Gottes-Menschenwort“ [13]. Im Koran selbst ist nachzulesen: „Wir [Gott] haben den Koran in einer arabischen Rede verkündet, damit ihr ihn versteht“ (Q 43:3), also damit die Erstadressaten, die hier unmittelbar angesprochen werden, ihn verstehen können. Mit anderen Worten können wir sagen: Gott hat sich im Akt seiner Selbstoffenbarung der menschlichen linguistischen wie psychologischen und kulturellen Sprache sowie Narrative[14] seiner Erstadressaten bedient. Gott spricht also nach dieser islamischen Vorstellung im Koran durch den Menschen, er lässt sich auf den Menschen ein. Das heißt, dass nun die Erstadressaten samt ihrer Lebenswirklichkeit, zu denen Gott spricht, konstitutiv an der Rede Gottes beteiligt sind. Die Rede Gottes ist ein Resultat einer Kommunikation zwischen Gott und Mensch. Mit Mensch meine ich die Erstadressaten. Der Koran stellt allerdings den Anspruch, nicht nur Mohammed und die Menschen seiner Umgebung, also die Erstadressaten anzusprechen, sondern er versteht sich als universelle Botschaft Gottes, gerichtet an alle Menschen zu allen Zeiten. Er stellt also den Anspruch, dass er mich heute hier in Europa genauso anspricht wie jeden anderen auch. Die ersten Adressaten waren konstitutiv an der kontingenten Form der erschaffenen koranischen Rede beteiligt. Dabei stehen wir vor der hermeneutischen Herausforderung, dass die Form durch ihre schriftliche Erfassung fixiert wurde. Mir geht es an dieser Stelle darum, festzuhalten, dass die Struktur des Korans selbst und die Vielfalt der Stimmen, die in ihm vorkommen, seinen dialogischen Charakter unterstreichen. Zum Beispiel spricht gerade in der ersten Sure im Koran, die wir Muslime in jeder Gebetseinheit rezitieren, nicht Gott zum Menschen, sondern umgekehrt spricht der Mensch zu Gott: „Im Namen Gottes, des Allbarmherzigen Allerbarmenden. Alles Lob gebührt Gott, dem Herrn aller Welt, dem Allbarmherzigen Allerbarmenden, dem Herrscher am Tag des Gerichts. Dir dienen wir und dich bitten wir um Hilfe. Führe uns den geraden Weg, den Weg derer, denen du Gnade schenkst, denen nicht gezürnt wird und die nicht irregehen!“ Für Muslime sind diese Worte der ersten Sure dennoch Gottes Worte, allerdings begegnet uns hier ein Gott, der durch den Menschen selbst spricht, daher ist der Koran Gottes Menschenwort. Im Koran haben wir es daher mit einem empathischen Gott zu tun, der sich die Nöte, die Sorgen, die Hoffnungen, die Ängste, die Freuden usw. der Menschen zu eigen macht und diese entsprechend wiedergibt. Daher können wir den Koran nur dann gerecht verstehen, wenn wir von einem dialogischen kommunikativen Verständnis der Gott-Mensch-Beziehung ausgehen. Wir dürfen also den Menschen nicht aus dem Blick verlieren.

Der Koran als Kommunikation ist dynamisch, er passt sich der linguistischen wie kulturellen, politischen und psychologischen Sprache in der jeweiligen Situation seiner Erstadressaten im 7. Jahrhundert auf der arabischen Halbinsel an. Der Koran als Buch,

13 Vgl. Abu Zaid, Gottes Menschenwort.

14 Es ist für den Koran und daher für die Auseinandersetzung mit ihm irrelevant, ob diese Narrative „wahr“ sind oder nicht. Der Koran greift sie auf und konnotiert sie mit seiner Botschaft, ohne die Frage nach ihrem Wahrheitsgehalt zu stellen. Daher wundert es nicht, wenn uns Narrative im Koran begegnen, die schon vor der Verkündigung des Korans bekannt waren bzw. zu der spätantiken Tradition gehören.

als Schrift ist hingegen fixiert. Die Sprache verändert sich nun nicht mehr. Wir lesen zum Beispiel heute im 21. Jahrhundert im Koran, dass Esel und Pferde Transportmittel sind (Q 16:8). Wir lesen ein bestimmtes Frauenbild, bestimmte Körperstrafen aus dem 7. Jahrhundert usw. Wir können diese nicht durch die Worte Auto oder Flugzeug oder Gleichberechtigung oder Menschenrechte ersetzen, denn wie schon erwähnt, ist die damalige arabische Sprache des Korans schriftlich fixiert. Eine Veränderung der Sprache wäre eine Verfälschung des Korans. Es bleibt uns also nur, im Sinne von Paul Ricœur[15], unsere Lebenswirklichkeit in die Begegnung mit dem Koran mit hineinzunehmen. Diese Lebenswirklichkeit ist konstitutiv für die Aktualisierung von Gottes Offenbarung, sodass ich anstelle von Pferd und Esel als Transportmittel zum Beispiel Auto und Flugzeug verstehe. Aber warum ist dies überhaupt möglich? Das ist nur unter der Bedingung möglich, dass ich den historischen Kontext der Offenbarung des Korans im 7. Jahrhundert (dazu gehören auch die Erstadressaten samt ihrer jeweiligen persönlichen wie gesellschaftlichen, wirtschaftlichen und politischen Situation sowie Lebenserfahrungen und Narrative zu den unterschiedlichen Offenbarungsmomenten) als konstitutiv für die koranische Rede ernst nehme. Oder anders gesagt: Die Erstadressaten und deren Geschichte müssen auch als Subjekte der Offenbarung und nicht nur deren Objekte gewürdigt werden. Dies impliziert aber, dass auch die heutigen Rezipienten des Korans seine Subjekte sind, die samt ihrer Lebenswirklichkeit, ihrer Erfahrungen, ihrer Hoffnungen, Ängste, Wünsche, Leiden, Anliegen usw. konstitutiv für die Aktualisierung der Offenbarung Gottes im Koran sind. Denn da es sich um Gott selbst handelt, der mir im Koran begegnet, kann seine Offenbarung nicht abgeschlossen sein. Gott war nicht nur im 7. Jahrhundert im Koran gegenwärtig, sondern ist auch hier und heute im Koran, in seiner Rezitation und streckt mir heute seine liebende Hand entgegen, die mich wiederum zur Liebe entzünden will. Der Koran bleibt somit eine offene, lebendige Kommunikation, die auch hier und jetzt stattfindet, wenn ich den Koran lese, rezitiere, oder ihn höre. Es geht nicht mehr darum, dass ich passiv lese, was im Koran steht, sondern der Koran lädt mich zu einer offenen Kommunikation durch die Begegnung mit Gottes liebender Barmherzigkeit ein. Da es sich im Koran um die Selbstoffenbarung Gottes handelt, ist es Gott, der mit mir gerade im Akt des Lesens/Rezitierens/Hörens des Korans kommuniziert, und zwar nicht unvermittelt (wie soll sonst das Bedingte die „Sprache" des Unbedingten verstehen), sondern hier spielt der Geist Gottes, den Gott laut dem Koran in jedem Menschen eingehaucht hat (z. B. Q 15:29, Q 38:72), eine entscheidende Rolle, um Gott im Koran zu erkennen.

Den Koran erschließt sich dem heutigen Rezipienten zwar in derselben Sprache wie bei den Erstadressaten, allerdings kommt es dem Rezipienten zu, diese Sprache in ihrem historischen Kontext zu verorten, um die im Koran begegnende liebende Barmherzigkeit Gottes auch in der Geschichte des Korans aufzudecken und diese in die eigene Lebenswirklichkeit zu übersetzen. Deshalb bin auch ich heute mit meiner Lebenswirklichkeit konstitutiv für Gottes Rede mit mir. Meine Lebenswirklichkeit und ich als Individuum kommunizieren mit Gott auch hier und jetzt, der Leser ist, wie Paul Ricœur betont, stets

15 Vgl. Paul Ricoeur, From Text to Action. Essays in Hermeneutics, Bd. II, transl. Kathleen Blamey and John B. Thompson, Evanston 1991, 86, 122.

Mitautor. Daraus resultiert kein fixierter schriftlicher Koran mehr, weil dieser schon in seiner Form fixiert wurde, sondern es resultiert eine Rede, eine Kommunikation zwischen Gott und mir.

Pauschale Sätze über sein eigenes Verstehen vom Koran wie: „Der Koran sagt ..." oder „Der Koran meint ...", muss man daher mit sehr viel Vorsicht betrachten. Es ist richtiger zu sagen: „Ich verstehe, dass der Koran mir sagen will ... Morgen werde ich verstehen, dass der Koran mir etwas anderes sagen will ...", aber „Ich weiß, dass es in jeder Begegnung mit dem Koran, um die Freisetzung Gottes liebender Barmherzigkeit geht" (s. u.) usw. So bleibt die Interaktion zwischen Gott und Mensch als offene Kommunikation und die Selbstoffenbarung Gottes im Koran aufrecht bestehen und ist nicht abgeschlossen.

Wenn wir Muslime wollen, dass der Koran einen Platz in unserem Leben hat und uns auch hier und heute zur Liebe entzündet, müssen wir ihn mitnehmen und die ursprüngliche Kommunikation fortschreiben und zwar entsprechend dem Prinzip der liebenden Barmherzigkeit Gottes, damit es nicht zur Beliebigkeit kommt. Wir dürfen die Kommunikation mit Gott nicht abreißen lassen. Doch genau das würden wir tun, wenn wir davon ausgingen, dass er im 7. Jahrhundert zum letzten Mal zu uns Menschen gesprochen hat und die Offenbarung damit abgeschlossen sei. Die Offenbarung als abgeschlossen zu verstehen, macht aus dem Koran ein statisches Buch, in dem Gott Instruktionen verkündet hat, die literalistisch aufzufassen sind, also wortwörtlich. Es bleibt kaum Raum für ein historisches Bewusstsein der Verkündigung und vor allem bleibt kaum Raum mehr für eine Gotteserfahrung. Meine Beschäftigung mit dem Koran wird reduziert auf die Auseinandersetzung mit einem 1400 Jahre alten Text. Gott selbst spielt in diesem Prozess nur die Rolle des ehemaligen „Autors" bzw. Initiators, wodurch die Rede von einer Gotteserfahrung stark in den Hintergrund rückt. Die Rede von seiner Gegenwart, von seiner Nähe, von ihm selbst, der mir im Koran begegnet, gerät außerhalb des Blickwinkels. Die Offenbarung als offene Kommunikation zu verstehen, bedeutet hingegen, dass die Begegnung mit Gottes liebender Barmherzigkeit das letzte Wort gesprochen hat. Der Text selbst bleibt für jede Auslegung im Sinne dieser liebenden Barmherzigkeit als grundlegendes Kriterium seiner Auslegung offen. Der Text hat also nicht das letzte Wort Gottes ausgesagt, denn die Worte Gottes sind unendlich (vgl. Q 18:109). Sie sind Worte der unbedingten Liebe. Durch diesen Zugang zum Koran wird der jeweilige Rezipient des Korans als Subjekt einer offenen Kommunikation mit Gott ernst genommen. Er soll sich und seine Lebenswelt mit in die Auslegung des Textes einbringen. Nicht der Koran spricht, sondern Rezipient und Gott stehen sich dialogisch gegenüber.

Die Offenheit des Korans erlaubt es dann auch, seine spirituelle Kraft zu entfalten, denn es handelt sich beim Koran nicht in erster Linie um ein Buch, in dem ich lese und aus dem ich Instruktionen sowie Handlungsanweisungen für mein Leben ableite, sondern um ein Medium der Begegnung mit Gottes liebender Barmherzigkeit, die mich berühren, ergreifen und zur Liebe entzünden will.

Denkt man diese Unterscheidung zwischen beiden Verständnissen der Offenbarung: abgeschlossen vs. offen (monologisch vs. dialogisch) konsequent zu Ende, dann ergeben sich zwei Zugänge zum Islam: Entweder versteht man den Islam als statische Religion. Danach wäre der Islam ein geschlossenes Paket, und die Aufgabe der Gläubigen bestünde in nichts anderem, als dieses Paket zu öffnen[16] und der beigefügten Bedienungsanleitung zu folgen. Oder man versteht den Islam als in der Zeit entstandene Religion, die ein Medium der Entfaltung von Spiritualität und Ethik im Leben des Menschen darstellt.

Ist der Koran ein Gesetzestext oder ein Anstoß zum Subjekt-Werden des Menschen? Das Beispiel der Erbschaft bei Mann und Frau (Q 4:11)

Gerade an solchen koranischen Stellen, die juristische Aussagen tätigen, hilft uns die historische Rekonstruktion des betroffenen Kontextes dieser Verse, um den koranischen Anstoß zur Verwirklichung von Gottes liebender Barmherzigkeit in der Geschichte nachvollziehbar zu machen. Dazu möchte ich nur exemplarisch und in einer knappen Zusammenfassung ein Beispiel betreffend der Frauenrechte im Koran geben.

Im Q 4:11 wird angeordnet, dass die Töchter die Hälfte an Erbschaft von dem was ihren Brüdern zukommt erben:

„Gott empfiehlt euch hinsichtlich eurer Kinder: Einem männlichen Geschlechts kommt ebensoviel zu wie der Anteil von zwei weiblichen Geschlechts."

Lese ich diesen Satz kontextunabhängig als eine ewige Instruktion Gottes, dann handle es sich hierbei um eine klare für alle Muslime zu allen Zeiten verbindliche gesetzliche Regelung. Diese habe somit eine ahistorische Gültigkeit.

Nimmt man den Koran hingegen als eine Plattform einer offenen und keineswegs abgeschlossenen Kommunikation wahr, dann fragt man nach dem historischen Kontext der Verkündigung dieses Verses und somit nach dem sozialen Zusammenhang des Offenbarungskontextes und dem sozialen Kontext des Lesers. Der Koranexeget Ibn Kathīr (gest. 1373), Verfasser eines der am weitesten anerkannten exegetischen Werke im sunnitischen Islam, merkte in seinem Korankommentar *Tafsīr al-Qur'ān* (Interpretation des Korans) zu diesem Vers an, dass viele Gläubige die Idee des Propheten Mohammeds, auch Frauen an einer Erbschaft zu beteiligen, anfangs vehement ablehnten und verwundert fragten: „Frauen und kleine Kinder sollen Erbanteile bekommen, obwohl diese nicht in der Lage sind, in den Krieg zu ziehen und Kriegsbeute zu ergattern?! Verschweigt diese Idee Mohammeds, vielleicht vergisst er, was er gesagt hat, oder wir können ihn überzeugen, diese Regelung wieder fallen zu lassen."[17] Ibn Kathīr fährt fort: „Sie gingen daraufhin zum Propheten und beschwerten sich (...), denn in vorislamischer Zeit erbten Frauen nichts, nur diejenigen, die an Kriegen teilgenommen hatten, hatten ein Anrecht auf Erbanteile. Diese wurden nach Alter aufgeteilt [ältere Familienangehörige bekamen mehr als jüngere]."[18] Daraufhin wurde der Vers offenbart. Der Grund dafür, dass Frauen in vorislamischer Zeit vom Erbe ausgeschlossen wurden, liegt in der damaligen Gesellschaftsordnung. Unter den Stämmen herrschten große Spannungen und Konkurrenz um die wirtschaftlichen Ressourcen, sodass sie oft Krieg gegeneinander führten. Die Kriegsbeute war

16 Vgl. von Stosch, Herausforderung Islam, 11ff.; vgl. auch Andreas Goetze, Religion fällt nicht vom Himmel, Darmstadt 2012.

17 Ismāʿīl Ibn Kathīr, Tafsīr al-Qur'ān (= Qur'ānische Exegese), Bd. 1, Beirut 1996, 404–405.

18 Ebd.

meist die Haupteinnahmequelle der Stämme, weshalb diejenigen, die in der Lage waren, Kriegsbeute zu machen, eine privilegierte Stellung im Stamm innehatten; dieses Privileg spiegelte sich auch in der Erbschaftsverteilung wider. Frauen waren ein Risikofaktor: Zum einen waren sie im Krieg oft Kriegsbeute und wurden versklavt, sodass die Ehre des Stammes verletzt wurde; zum anderen wurden Frauen auch gezielt aus politischen Gründen mit Männern anderer Stämme verheiratet. Sie sollten nichts erben, damit Anteile des Besitzes des eigenen Stammes nicht in die Hände anderer Stämme gelangten. Mit diesen Stammesstrukturen wollte der Prophet nun brechen und arbeitete sukzessive daran. Die Frau sollte als Subjekt und als vollwertiges Mitglied der Gesellschaft gewürdigt werden. Liest man diesen Vers 4:11 in seinem historischen Kontext, dann erkennt man, dass diese Regelung mit der Erbschaft für die damalige Zeit ein erster revolutionärer Schritt darstellte. Aus unserer heutigen Perspektive wäre so eine Regelung ein Rückschritt in der Frage des Geschlechterverhältnisses. Die Offenbarung als offene Kommunikation wahrzunehmen, bedeutet aber nicht bei diesem ersten Schritt, den der Koran im 7. Jahrhundert eingeführt hat, stehenzubleiben. Es ist Aufgabe der heutigen Koranhermeneutik, diesen koranischen Anstoß in Richtung mehr Würdigung der Frau aufzudecken. Dadurch deckt so eine Auseinandersetzung mit dem Koran die Realisierung von Gottes liebender Barmherzigkeit in der Geschichte auf, die zur Freiheit einladen will. Hier könnte jemand einwenden, wieso der Koran nicht direkt von der Gleichberechtigung von Mann und Frau spricht und der Frau gleiche Erbanteile zuspricht. Ich erinnere jedoch erneut an den kommunikativen Charakter der Offenbarung, denn Gott offenbart sich in der Geschichte, die wiederum konstitutiv für die Form (Sprache) der Offenbarung ist. Im historischen Kontext der Offenbarung von Q 4:11 war die Rede von Gleichberechtigung den Menschen fremd, dass der Koran den Frauen die Hälfte der Erbschaft gibt, war eine große sensationelle Entwicklung, die nicht von allen akzeptiert wurde, weil sie darin einen zu progressiven Schritt sahen. Was aber in Q 4:11 wenn wir ihn in seinem historischen Kontext lesen, deutlich wird, ist die Realisierung von Gottes liebender Barmherzigkeit, die der Frau einen Anstoß geben will, sich auch finanziell zu emanzipieren, um sich von der Abhängigkeit von patriarchalischen Strukturen zu befreien. Wohlgemerkt handelt es sich um einen dem Kontext angemessenen Anstoß. Daraus kann ich heute nicht die Gleichberechtigung von Mann und Frau lesen. Ich kann aber wohl darin ein Zeugnis von Gottes liebender Barmherzigkeit in der Geschichte sehen, die dem Menschen als solchem Freiheit schenken will. Meine Aufgabe heute wäre, Gottes liebende Barmherzigkeit, die mir im Koran begegnet, entsprechend meinen heutigen Kategorien und meinen individuellen wie gesellschaftlichen Möglichkeiten in meiner heutigen Geschichte zu realisieren. Heute würden wir von der Gleichberechtigung von Mann und Frau sprechen, aber nicht deshalb, weil der Koran davon spricht oder weil wir dies aus ihm ableiten können, sondern weil wir davon überzeugt sind, dass in der Gleichberechtigung die Verwirklichung der Würde beider Geschlechter sowie deren Recht auf Selbstbestimmung liegt und genau dadurch realisiert sich die liebende Barmherzigkeit Gottes, die Freiheit schenken will. Der Koran schreibt nicht das „Wie" dieser Verwirklichung vor, ermutigt aber dazu.

Dieses Beispiel sollte verdeutlichen, welche Konsequenzen die jeweilige Auffassung von Offenbarung für die vielen heutigen Anfragen an den Islam haben kann. Dies gilt auch für weitere Fragen, wie die nach der Vereinbarkeit des Islams mit den Menschenrechten, mit demokratischen Grundwerten usw. Es liegt an den Muslimen selbst, die im Koran offenbarte liebende Barmherzigkeit Gottes in unsere heutige Geschichte entsprechend unseren heutigen Erfahrungen und Möglichkeiten zu realisieren und so bleibt die Geschichte des Korans, die nichts anders ist als die Geschichte Gottes mit dem Menschen, stets offen. Denn Gott will nicht an uns ohne uns, sondern nur mit uns handeln. Gott handelt im Dialog bzw. im Bund mit menschlicher Freiheit, die er unbedingt in Anspruch nehmen will.

Kritik an der juristischen Rekonstruktion der koranischen Geltungsansprüche

Immer wieder wird der Islam als Gesetzesreligion definiert und damit der Koran als Gesetzesbuch betrachtet. Rechtliche Fragen rücken auf Kosten spiritueller Aspekte in den Vordergrund. Diese Reduktion des Islams auf einen rechtlich- ethischen Diskurs wird nicht nur von traditionellen, sondern auch von vielen progressiven Muslimen betrieben.

Als Beispiel sei hier die Ankaraner Schule angeführt, deren Deutung die Offenheit des Korans verschließt und seinen Bedeutungshorizont auf ein einziges Prinzip reduziert, nämlich auf die von der Ankaraner Schule praktizierte sogenannte Drei-Schritt-Methode. Diese hat den Anspruch, das Verständnis der Erstadressaten des Korans zur Zeit seiner Entstehung zu rekonstruieren (Schritt 1), um daraus ein ahistorisches ethisches Prinzip abzuleiten (Schritt 2) und dieses in die Gegenwart zu übertragen (Schritt 3). Dadurch geht allerdings die Möglichkeit verloren, weitere Prinzipien und Bedeutungen aus dem Text abzuleiten, das Potenzial, das ein offener Zugang zum Koran eröffnet, wird verhindert. Zu fragen ist: Woher will der heutige Rezipient des Korans wissen, welches allgemeingültige Prinzip hinter der einen oder anderen koranischen Aussage steckt? Und wie will man sich vor subjektiven Projektionen in den Koran schützen? Hinzu kommt, dass das vorhandene historische Material zur Zeit der Verkündigung des Korans sehr unsicher ist. Wie will man daraus belastbare Aussagen über den göttlichen überzeitlichen Sinn der Offenbarung ableiten? Die abzuleitenden Prinzipien mit einem überzeitlichen und göttlichen Charakter, von denen die Ankaraner Schule spricht, bleiben am Ende nur Spekulationen.

Bauer spricht sogar von einer höchst manipulativen Methode[19]: „es dürfte nicht allzu schwer sein, stets jenen ‚Kern' herauszudestillieren, den man hören möchte"[20]. Jeder könne das in den Koran hineinlesen, was er möchte, was Tür und Tor für Beliebigkeit öffnen würde[21].

Bauer sieht in dem historischen Vorgehen der Ankaraner Schule ein weiteres Problem. Die von ihr angewendete historische Methode sei „höchst reduktiv"[22]. „Denn sie beharrt nicht nur auf einer einzigen möglichen Bedeutung, sondern verengt diese Bedeutung

19 Thomas Bauer, Die Kultur der Ambiguität. Eine andere Geschichte des Islam, Berlin 2011, 129.
20 Ebd.
21 Ebd.
22 Ebd. (im Original teils hervorgehoben).

noch auf einen bestimmten historischen Moment und höhlt damit das Bedeutungspotential des Textes noch weiter aus als andere, vergleichbar monolithische Ansätze."[23]

Vertreter der Ankaraner Schule, aber auch Nasr Hamid Abu Zaid bemühen sich um einen zeitgenössischen Ansatz, um den Koran zwar in die Gegenwart zu übertragen, jedoch nicht in seinem Wortlaut, sondern in seinen ethischen Prinzipien. Die ethische Rekonstruktion des muslimischen Glaubens nimmt bei diesem Ansatz einen breiten Raum ein. Klaus von Stosch merkt hier zu Recht an, dass für Abu Zaid ähnlich wie für den zeitgenössischen Frankfurter Koranforscher Ömer Özsoy „der Koran primär ein Fingerzeig [ist], der mir eine Lebensrichtung vorgibt; also Einladung zu einem bestimmten Lebensentwurf und damit primär ethischer Natur"[24]. Für beide Schulen ist eine historische Verortung des Korans in seinem Verkündigungskontext notwendig, um eben seine ethischen Weisungen erschließen zu können. Klaus von Stosch sieht allerdings in dieser Reduzierung der Koranhermeneutik auf eine ethische Rekonstruktion mehrere Probleme:

> „Selbst wenn ich bei einer einzelnen Koranstelle den genauen Offenbarungsanlass einigermaßen verlässlich rekonstruieren kann, fragt sich, wie ich aus dieser Beschreibung zu einer normativen Schlussfolgerung kommen kann. Wie kann man aus deskriptiv angelegten Analysen normative Gehalte ableiten? Weiß ich wirklich, dass an der eben beschriebenen Stelle eine Gleichrangigkeit von Mann und Frau angezielt ist oder ist das Ergebnis der Exegese nicht auch sehr vom guten Willen des hoffentlich liberalen Exegeten abhängig? Woher weiß ich, dass die normative Bedeutung des Korans aus seiner historischen Situierung zu decodieren ist, wenn Gott doch wissen musste, dass sein Wort auch in anderen Situationen gehört wird? Wird hier nicht das überzeitliche Bedeutungspotenzial der Texte ausgehöhlt und die Mannigfaltigkeit ihrer Deutungsmöglichkeiten unnötig stark und tendenziell willkürlich reduziert? Will man an dieser Stelle das zwangsläufig in der Deduktion der ethischen Prinzipien des Korans enthaltene Willkürmoment tilgen, muss man die verwendeten Prinzipien auch autonom philosophisch begründen. Eben dies scheint der Ankaraner Schule auch vorzuschweben. Die hier erhobenen ethischen Prinzipien des Korans sind jedenfalls offensichtlich auch aus der Perspektive autonomer Moral zu gewinnen und genau hieran machen die Interpreten der Ankaraner Schule auch die Vernünftigkeit des Korans fest. Damit wird aber die religionskritische Anfrage, ob der Koran nicht als Projektion menschlicher Lebensentwürfe durchschaut werden müsste, virulent. Bestreitet man die Konvergenz (und damit auch die Ableitbarkeit) der ethischen Prinzipien des Korans mit den ethischen Prinzipien der praktischen Vernunft und betont, dass der Koran ein höheres Ethos als die Vernunft fordert, das aus ihr nicht ableitbar ist, gerät man in eine gefährliche Nähe zu fundamentalistischen Deutungen, die selbst Verbrechen als Willen Gottes ansehen. Betont man die autonom philosophische Gewinnbarkeit der ethischen Prinzipien des Korans, gerät man in die schon bei dem Aufklärer Lessing zu

23 Ebd., 129f.

24 von Stosch, Herausforderung Islam, 26.

> konstatierende Aporie, dass Offenbarung eigentlich nur noch aus pädagogischen Gründen erforderlich ist. Mit anderen Worten: Entweder der Koran verkörpert nur das Ethische, das dem Menschen auch ohne ihn bekannt wäre, sodass er letztlich überflüssig ist oder er widerspricht dem Ethischen und wird dadurch aus der Sicht neuzeitlich-autonomer Vernunft suspekt.“[25]

Diese Rückfragen von Stoschs richten sich an alle modernen hermeneutischen Konzepte, die versuchen, unmittelbar aus dem Koran moderne Phänomene wie Gleichberechtigung der Geschlechter, Menschenrechte, demokratische Grundwerte usw. abzuleiten. Bei all diesen Ansätzen entsteht der Eindruck, dass vieles in den Koran hineingelesen wird, was nicht wirklich in den Texten enthalten ist. Auch Thomas Bauer warnt vor der Gefahr einer manipulativen Koranexegese: „es dürfte nicht allzu schwer sein, stets jenen ‚Kern‘ herauszudestillieren, den man hören möchte“[26].

Wird Religion auf ihre ethische Dimension reduziert, so wird sie funktionalisiert und letztlich überflüssig. Ethische Grundlagen können autonom aus der menschlichen Vernunft abgeleitet werden. Schon im 8. Jahrhundert gab es diese Diskussion zwischen den Muʿtaziliten und ihren Gegnern. Die Muʿtaziliten gelten als rationalistische Schule im Islam. Sie vertraten die Ansicht, dass der Mensch autonom durch seine Vernunft erkennen könne, was gut und was schlecht ist. Dazu brauche er weder Propheten noch eine Mitteilung von Gott. Denn all das erinnerte den Menschen lediglich an das, was er ohnehin schon wisse oder zumindest wissen sollte. Diese Position wurde auch von den Maturiditen (genannt nach dem Gelehrten Al-Māturīdī, gest. 941) vertreten. Die Gegner der Muʿtaziliten widersprachen dem, weil sie die Autonomie des Menschen zu stark betont sahen, was die Bedeutung der göttlichen Verkündigung relativieren würde. Sie betonten demgegenüber die Angewiesenheit des Menschen auf Gott und seine Instruktionen. Doch eigentlich sind beide Positionen höchst problematisch, denn beide reduzieren Religion auf eine ethische bzw. rechtliche Dimension.

Religion muss etwas leisten, das die Vernunft nicht leistet, ansonsten wird sie ersetzbar. Dem Koran als Selbstoffenbarung Gottes geht es um viel mehr als um ein statisches juristisches Schema voller Instruktionen. Er ist an erster Stelle ein Medium der Begegnung mit Gottes Liebe und Barmherzigkeit. Diese Begegnung will den Menschen die Perspektive eröffnen, ihr Leben auf Gott hin auszurichten. Es geht also darum, eine Haltung der Liebe und Barmherzigkeit im Menschen zu wecken, und nicht darum, den Menschen im juristischen oder ethischen Sinne genau vorzuschreiben, wie sie im Einzelnen das Leben zu strukturieren haben.

Der Koran entfaltet hingegen so vielfältige Bedeutungspotenziale, dass zeitgenössische Rezipienten intellektuell herausgefordert, spirituell ergriffen und emotional bewegt sein können, auch wenn die Bedeutungen, die heutige Leser und Hörer mit dem Text verbinden, möglicherweise nicht mit jenen Bedeutungen identisch sind, die die Zeitgenossen der Verkündigung des Korans damit verbanden.

25 von Stosch, Herausforderung Islam, 26f.
26 Bauer, Kultur der Ambiguität, 129.

Man kann gerade heilige Texte, denen man ein überzeitliches Bedeutungspotenzial zuerkennt, nicht auf die Bedeutung, die sie für die ersten Hörer hatten, reduzieren[27]. Thomas Bauer kommt zu dem nüchternen Ergebnis: „Die Beschränkung auf eine historisch-kritische Auslegung des Korans etwa könnte nie und nimmer eine sufische Deutung zulassen, da zur Zeit der Offenbarung des Korans nichts existierte, was sich mit der späteren Mystik in Verbindung bringen ließe."[28]

Moderne Interpretationsansätze des Korans fordern nicht immer die „Offenheit" verschiedener Lesarten des Korans ein, und durch ihren Anspruch auf alleinige Wahrheit sind sie teilweise „ideologieanfälliger als traditionelle Methoden."[29] Daher ist Bauer beizupflichten, wenn er betont: „Dem Korantext wiederum überzeitliches Bedeutungspotential und eine Bedeutungspluralität zuzuerkennen, wie die klassischen Gelehrten dies taten (ohne daß sich dies notwendigerweise immer in ihrem Tun niedergeschlagen hätte), ist vielleicht in der Tat die einzige Möglichkeit, die Zeitbedingtheit der Exegese zu überwinden."[30] Allerdings darf diese Kritik Bauers nicht in die Richtung missverstanden werden, dass wir heute den Koran wirklich verstehen können, ohne eine historische Kontextualisierung bzw. ohne die historisch-kritische Methode anzuwenden. Mein Anliegen ist es, diese Methoden nicht als Instrumente des Verschließens des Korans anzuwenden, sodass am Ende eine einzige möglichst wahre Auslegung des Korans herauskommt. Die historische Kontextualisierung und historisch-kritische Methode sollen vielmehr dazu dienen, die Dialogizität zwischen Offenbarung und der Lebenswirklichkeit im Kontext der Verkündigung des Korans aufzuzeigen und den gegenseitigen Einfluss zu rekonstruieren, um so die Geschichte der Offenbarung als die Geschichte Gottes mit dem Menschen offenzulegen.

Anstoß für eine historisch-theologische Koranhermeneutik

Eine theologische Koranhermeneutik will an erster Stelle einen theologischen Zugang zum Koran schaffen. Dieser kann primär für gläubige Muslime von Interesse sein, da es dieser Hermeneutik um die Spurensuche nach der Barmherzigkeit Gottes im Koran und in der von ihm bezeugten Geschichte geht, um im zweiten Schritt den Gläubigen einen Weg zu eröffnen, die im Koran begegnete Barmherzigkeit in das jeweils eigene Leben zu integrieren und als gelebte Realität zur Entfaltung zu bringen. Denn die Verwirklichung von Gottes offenbarter liebender Barmherzigkeit in der Geschichte findet erst in der menschlichen Antwort statt: „Gott erschafft Menschen, die er liebt und die ihn lieben." (Q 5:54)

Es handelt sich somit um eine Hermeneutik der Gotteserfahrung im gelebten Leben. Eine Erfahrung, die jedoch nicht von der Geschichte des Menschen zu trennen ist, und zwar weder von der des Menschen im Verkündigungskontext (Erstadressaten des Korans)

27 Vgl. ebd.
28 Ebd.
29 Ebd.
30 Ebd., 130f.

noch von der der Rezipienten des Korans heute und in jedem weiteren Kontext. Die Selbstoffenbarung Gottes im Koran findet in der konkreten Geschichte Mohammeds und seiner Gemeinde statt und findet ihre Fortsetzung in der konkreten Geschichte der Rezipienten des Korans. Beide, Gott und Mensch, sind Subjekte dieses Offenbarungsgeschehens, in dem sich nicht nur die Freiheit Gottes realisiert, sondern auch die des Menschen. Deshalb begegnet uns im Koran nicht nur Gottes Barmherzigkeit, sondern auch deren Zeugnis durch die Geschichte der Menschen, die sie angenommen, aber auch derer, die sie zurückgewiesen haben.

Zwei Schritte einer historisch-theologischen Koranhermeneutik

Dieses Verständnis einer dialogischen kommunikativen Offenbarung hat aber entscheidende Konsequenzen für die Frage nach einem historisch-theologischen Zugang zum Koran heute. Denn auch diese Hermeneutik kann nur dialogisch geschehen, und sie selbst bedeutet eine Aktualisierung des Offenbarungsgeschehens. Sie deckt nicht nur die Barmherzigkeit Gottes in der Geschichte des Korans und ihrem Zeugnis bzw. dem Zeugnis ihrer Zurückweisung auf, sondern zeigt Wege der Erfahrbarmachung von Gottes liebender Barmherzigkeit im Koran sowie durch ihn – damals und heute.

Es geht nicht darum, den endgültigen Deutungssinn jedes koranischen Verses bzw. jeder koranischen Sure auszuarbeiten, um dann zu meinen, den Koran endgültig richtig verstanden zu haben. Es geht auch nicht um *die eine* richtige Auslegung des Korans, denn diese gibt es nicht.

Es handelt sich um zwei aufeinander aufbauende Schritte:

Im ersten Schritt geht es darum, das Zeugnis der liebenden Barmherzigkeit Gottes in der Geschichte seiner Offenbarung (610–632) aufzudecken, danach zu fragen, wo sie konkret Wirklichkeit wird. Wo hat die Begegnung mit dem Koran die Erstrezipienten zur Liebe entzündet? Welchen Wandel der Geschichte der Erstrezipienten in Richtung der Freisetzung von Freiheit und somit der Entfaltung von liebender Barmherzigkeit hat die Begegnung mit dem Koran angestoßen?

In einem zweiten Schritt geht es darum, die heutigen Rezipienten des Korans für die Begegnung mit dem Koran als Begegnung mit der liebenden Barmherzigkeit Gottes zu sensibilisieren. Auf diese Weise soll ihnen die Möglichkeit eröffnet werden, die liebende Barmherzigkeit Gottes in dieser Begegnung für sich neu zu entdecken, um sie dann in das eigene Leben zu tragen und zu einer erfahrbaren Wirklichkeit zu machen. Damit bleibt der Koran auch für seine heutigen Rezipienten als Ereignis der Begegnung mit Gottes liebender Barmherzigkeit lebendig. Da der Koran weniger über Lehrsätze und juristische Regelungen informieren, sondern zur Liebe entzünden will, macht er aus seinen Rezipienten keine Objekte der Hörigkeit. Sie sind immer zugleich die Subjekte des Korans, die sich mit ihrer Lebenswirklichkeit in eine offene Kommunikation mit dem barmherzigen Gott einbringen, um die Frage an sich zu stellen, wie sie die Liebe, die sich in ihnen durch die Begegnung mit dem Koran entzündete, in ihrem jeweiligen Lebensentwurf verwirklichen können.

Eine theologische Hermeneutik des Korans geht nicht von der Abgeschlossenheit der Offenbarung Gottes im Koran aus, denn Offenbarung ist ein Geschehen, das sich immer wieder in jeder Begegnung des Menschen mit dem Koran, vor allem mit seinem Klang, ereignet. Wenn der Mensch diese Einladung zur Liebe und Barmherzigkeit annimmt und sie in sein Leben durch sein Handeln verwirklicht, dann schreibt er Gottes Offenbarung fort. Denn wie die Geschichte des Korans eine Geschichte der Wirklichkeit göttlicher liebender Barmherzigkeit darstellt, soll das Leben des Gläubigen ein Zeugnis von dieser liebenden Barmherzigkeit sein. Diese Überlegungen sollen gerade Muslimen Mut machen, den Koran keineswegs auf ein Gesetzesbuch zu reduzieren, sie sollen auch nicht von ihm erwarten, ihnen juristische Regeln zu liefern, sie sollen sich viel mehr dem Koran stärker als spirituelles Geschehen öffnen und ihm zutrauen, dass er ihnen Freiheit schenken will, dass er sie bis in die Tiefen ihrer Herzen berühren und sie zu Händen der Liebe machen will.

Scharia in Deutschland?

Zur Ausgestaltung des vormodernen und zeitgenössischen islamischen Familienrechts und seiner möglichen Anwendung an deutschen Gerichten

Irene Schneider

Einleitung

Im Jahr 2007 wies eine bundesdeutsche Richterin am Amtsgericht in Frankfurt a.M. den Antrag einer deutschen Staatsbürgerin marokkanischer Herkunft auf sofortige Scheidung von ihrem gewalttätigen, sie mit dem Tod bedrohenden Ehemann ohne Einhaltung des Wartejahres zurück.[1] Sie konnte keinen eine sofortige Scheidung erforderlich machenden Härtefall erkennen: „Die Ausübung des Züchtigungsrechts begründe keine unzumutbare Härte gemäß Paragraph 1565 BGB", schrieb sie, man müsse schließlich berücksichtigen, dass beide Ehepartner aus dem marokkanischen Kulturkreis stammten.[2] Der Koran sehe ebenfalls ein „Züchtigungsrecht" des Mannes gegenüber der Frau vor. Sie bezog sich dabei offenbar auf Koranvers 4:34:

> Die Männer stehen über den Frauen, weil Gott sie (von Natur vor diesen) ausgezeichnet hat und wegen der Ausgaben, die sie von ihrem Vermögen (als Morgengabe für die Frauen?) gemacht haben. Und die rechtschaffenen Frauen sind (Gott) demütig ergeben und geben Acht auf das, was (den Außenstehenden) verborgen ist, weil Gott (darauf) Acht gibt (d.h. weil Gott darum besorgt ist, dass es nicht an die Öffentlichkeit kommt). Und wenn ihr fürchtet, dass (irgendwelche) Frauen sich auflehnen, dann vermahnt sie, meidet sie im Ehebett und schlagt sie! Wenn sie euch (daraufhin wieder) gehorchen, dann unternehmt (weiter) nichts gegen sie! Gott ist erhaben und groß.[3]

1 Medick/Reimann (20.03.2007); Focus Online (21.03.2007); Oswald (21.03.2007); Süddeutsche Zeitung (17.05.2010); zur Problematik s.a. Schneider (2014a).

2 Medick/Reimann (20.03.2007).

3 Zitiert aus dem Koran (1980) in Übersetzung von Paret. Die von Paret gesetzten Klammern weisen auf die Schwierigkeit der Übersetzung des Textes hin. Der Vers ist von muslimischen Exegeten in der vormodernen und modernen Jurisprudenz diskutiert und im Allgemeinen als Erlaubnis des

Die Entscheidung erregte großes Aufsehen in der Öffentlichkeit. „Justizskandal: Scharia in Deutschland?", titelte der Tagesspiegel[4] und warf der Richterin vor, dass ihre Begründung des Urteils mit Berufung auf den Koran zum Skandal geworden sei. „Gute Nacht, Deutschland!", lautete die Überschrift in der Süddeutschen Zeitung,[5] eine Aussage des Generalsekretärs der CDU, Ronald Pofalla, die er der Bild-Zeitung gegenüber gemacht hatte, aufgreifend: „Wenn der Koran über das deutsche Grundgesetz gestellt wird, dann kann ich nur sagen: Gute Nacht, Deutschland!" Während die Präsidentin des Juristinnenbundes, Jutta Wagner, die Richterin scharf kritisierte und ihre Entscheidung als einen „entsetzlichen Vorfall" bezeichnete, „gerade weil wir uns bei den Migranten für eine stärkere Akzeptanz unserer Regeln einsetzen",[6] nahm der Richterbund mit dem Vorsitzenden Wolfgang Arenhövel die Familienrichterin in Schutz.[7] Ohne den Hinweis auf den Koran sei die strittige Entscheidung im Scheidungsverfahren einer Deutsch-Marokkanerin und ihres marokkanischen Ehemannes „vertretbar", sagte Arenhövel der Frankfurter Allgemeinen Zeitung. Dass die Juristin den religiös-kulturellen Hintergrund des Paares berücksichtigt habe, zeige, dass sie „sich im Rahmen der Vorschriften Gedanken gemacht" habe.[8] Er widersprach der sich in den Titeln der Zeitungen spiegelnden Kritik, es gebe in der Rechtsprechung eine Tendenz zugunsten des Islams, und kritisierte die Politik, die den Fall zum Anlass genommen hätte, „auf die Justiz einzudreschen",[9] ignorierend, dass Kritik mit der Vorsitzenden des Juristinnenbundes durchaus auch aus den eigenen Reihen gekommen war. Die Politik in Gestalt des bayerischen Innenministers, Günther Beckstein, kündigte indes vollmundig an, man müsse die „Frage des Kampfs gegen die Unterdrückung der Frau im Islam offensiver angehen"[10] und eröffnete damit eine Front nicht gegen die bundesdeutsche Justiz, sondern gleich gegen „den Islam" insgesamt. Das Problem der Richterin wurde gelöst, indem die Anwältin der Frau sie wegen Befangenheit ablehnte und ihrem Antrag stattgegeben wurde. Die Richterin äußerte später ihr Bedauern über ihren Hinweis auf den Koran.[11]

Liest man diese Presseartikel und insbesondere ihre reißerischen Überschriften, so spiegelt sich in ihnen unübersehbar die Furcht, dass „die Scharia" Einzug in die deut-

---

Mannes, seine Frau zu schlagen, interpretiert worden. Der berühmte Exeget aṭ-Ṭabarī führt unterschiedliche Auslegungen und Meinungen an, beispielsweise dass das Schlagen nur mit einem „Zahnhölzchen" erfolgen dürfe: aṭ-Ṭabarī (gest. 926) (1984), Bd. 5, S. 57–70. Moderne feministische Exegetinnen wie die in den USA lebende und lehrende Amina Wadud versuchen über ein holistisches Verständnis des Korans diesen Vers anders zu interpretieren und ein mögliches metaphorisches Verständnis des Verbs "ḍaraba" (schlagen) zu etablieren: Wadud (1999), S. 76; ähnlich auch Kecia Ali (2006), S. 122, die allerdings zu weit gehende und den heiligen Text verbiegende Versuche kritisch sieht. S.a. Schneider (2011), S. 57–68.

4 Oswald (21.03.2007).

5 Süddeutsche Zeitung (17.05.2010).

6 Süddeutsche Zeitung (17.05.2010).

7 Frankfurter Allgemeine (30.03.2007); Focus Online (30.03.2007).

8 Frankfurter Allgemeine (30.03.2007); Focus Online (30.03.2007).

9 Frankfurter Allgemeine (30.03.2007); Focus Online (30.03.2007).

10 Süddeutsche Zeitung (17.05.2010).

11 Frankfurter Allgemeine (30.03.2007).

sche Rechtsprechung halten, der Koran über das Grundgesetz gestellt werden und damit verbunden das Grundgesetz und die darin nach Artikel 3, Abs. 2 und 3 garantierte Gleichberechtigung der Geschlechter außer Kraft gesetzt werden könnte. Was ist von dieser Befürchtung zu halten? Was ist „die Scharia" und kann sie überhaupt an deutschen Gerichten angewandt werden?

Zunächst einmal gilt, dass das Urteil der Richterin deshalb so viel Aufsehen erregte, weil es trotz aller versuchten Verteidigung nicht mit der bundesdeutschen Rechtsprechung im Einklang war und ist. Internationales Privatrecht (IPR) kann, das ist richtig, in bestimmten Fällen das Heimatrecht in Deutschland lebender Personen in Betracht ziehen. Anders als das Öffentliche Recht dient das Privatrecht überwiegend der Gestaltung und Sicherung von Rechtsverhältnissen zwischen Privatpersonen. Und dies gilt, so führt Rohe aus, auch dann, wenn die Personen aufgrund ihrer Lebensverhältnisse in Beziehung zu mehreren Rechtsordnungen stehen.[12]

> Hat jemand sein Leben auf die Gegebenheiten einer bestimmten Rechtsordnung ausgerichtet, so verdient diese Lebensplanung im Grundsatz auch dann Schutz, wenn der Betreffende seinen Aufenthalt wechselt. Demnach soll das vertraute „Heimatrecht" auch nach dem Grenzübertritt fortgelten.[13]

Dem liegt, darauf verweist Rohe, die Annahme einer prinzipiellen Gleichwertigkeit aller Privatrechtsordnungen und der Umstand zugrunde, dass man aus Gründen der Rechtssicherheit nicht in einmal wirksam entstandene Rechtsbeziehungen eingreifen möchte, auch wenn diese nicht in jeder Hinsicht den Regelungen des deutschen Sachrechts entsprechen.[14] Internationales Privatrecht (Kollisionsrecht) wird in Deutschland im Einführungsgesetz zum Bürgerlichen Gesetzbuch (Artikel 3 ff. EGBGB) geregelt.[15] Dabei gilt nach Rohe: Wo in Fällen hinreichenden Inlandsbezuges das Ergebnis der Anwendung fremden Sachrechts mit wesentlichen Grundsätzen des deutschen Rechts (einschließlich der Grundrechte) offensichtlich unvereinbar ist, kommen solche fremdrechtlichen Vorschriften eben gerade nicht zur Anwendung.[16] Damit legt der deutsche Gesetzgeber den Rahmen genau fest, innerhalb dessen Rechtsunterschiede aus übergeordneten Erwägungen hingenommen werden.[17] Artikel 4 und 6 des EGBGB lauten:

> Artikel 4 (1): Wird auf das Recht eines anderen Staates verwiesen, so ist auch dessen internationales Privatrecht anzuwenden, sofern dies nicht dem Sinn der Verweisung widerspricht. Verweist das Recht des anderen Staates auf deutsches Recht zurück, so sind die deutschen Sachvorschriften anzuwenden.

12 Rohe (2011), S. 351.
13 Rohe (2011), S. 351.
14 Rohe (2011), S. 352.
15 Rohe (2011), S. 352.
16 Rohe (2011), S. 352.
17 Rohe (2011), S. 352.

> Artikel 6: Eine Rechtsnorm eines anderen Staates ist nicht anzuwenden, wenn ihre Anwendung zu einem Ergebnis führt, das mit wesentlichen Grundsätzen des deutschen Rechts offensichtlich unvereinbar ist. Sie ist insbesondere nicht anzuwenden, wenn die Anwendung mit den Grundrechten unvereinbar ist.

Seit dem 21.06.2012 gilt in der Bundesrepublik darüber hinaus eine Neuregelung des internationalen Scheidungsrechts in Gestalt von „Rom III", demzufolge die Beteiligten im Wesentlichen wählen können, ob ihre Ehescheidung nach dem Recht des (gemeinsamen) gewöhnlichen Aufenthalts oder aber nach der Staatsangehörigkeit abgewickelt werden soll, während bislang eine Anknüpfung an das Ehewirkungsstatut des Artikels 14 EGBGB a.F. erfolgte und damit sehr häufig die gemeinsame Staatsangehörigkeit allein maßgeblich war.[18]

Aus all dem folgt zum einen, dass die Anwendung des IPR ergebnisorientiert sein muss, also nur dann ausländisches Recht angewandt werden kann, wenn die Anwendung deutschen Rechts zum selben Ergebnis gekommen wäre; zum zweiten folgt daraus, dass sie nicht den Grundrechten, wie beispielsweise dem Gebot der Gleichberechtigung der Geschlechter, widersprechen darf. Welchen Bezug haben die Paragraphen des EGBGB dann zur in der Öffentlichkeit kontrovers diskutierten Befürchtung, hier werde die „Scharia" eingeführt bzw. das Grundgesetz außer Kraft gesetzt?

Die Antwort lautet: „die Scharia" könnte ohnehin nicht angewandt werden, denn darunter versteht man das vormoderne, in vielen verschiedenen Rechtsmeinungen vorliegende, nicht vereinheitlichte Recht der muslimischen Welt in seiner großen historischen und regionalen Varianz. Die anzuwendende Rechtsnorm ist vielmehr das Personalstatut Marokkos bzw. das dort geltende Familienrecht. Marokko verfügt schon seit 1957/58, also kurz nach der Unabhängigkeit, über ein kodifiziertes Familienrecht, das 2004 novelliert wurde. Richtig ist, dass es auf vormodernem islamischem Recht und mithin mittelbar auf der „Scharia" (*šarīʿa*) beruht. Im Fall des marokkanischen Personalstatutes ist das eine vormoderne Auslegung der malikitischen Rechtsschule, welche in Nordafrika Anwendung fand.[19] Dieses vormoderne Recht wurde durch die Kodifikation jedoch nicht nur in Gesetzesform gegossen, sondern auch entsprechend den Bedürfnissen eines modernen Nationalstaates, zu dem Marokko gerade geworden war, zugeschnitten. Die Mudawwana, so der Titel des Familienrechts, gilt in der vorliegenden, anzuwendenden Form von 2004 als eines der fortschrittlichsten Familienrechte in den muslimisch geprägten Ländern, wenn man unter „fortschrittlich" die Anpassung an internationales Recht, Geschlechtergleichheit und Menschenrechte versteht.

---

18 Pietsch (2012), S. 1768.

19 Im Verlauf der ersten Jahrhunderte bildeten sich verschiedene Rechtsschulen, von denen später im sunnitischen Islam vier große übrig blieben: die hanafitische, die malikitische, die hanbalitische und die schafiitische Rechtsschule. Im schiitischen Recht hat sich vor allem eine große Rechtsschule, die ǧaʿfaritische, etabliert. Die Rechtsschulen unterscheiden sich in aus unterschiedlichen Interpretationen des Korans und der Sunna resultierenden Regelungen und weisen in sich wiederum eine ebenfalls große Bandbreite verschiedener Regelungen auf, s. dazu Rohe (2011), S. 27–29.

Die Richterin hätte einen Blick also nicht in den Koran, sondern in dieses marokkanische Personalstatut werfen müssen. Dass sie dies nicht tat, war ihr professioneller Fehler. Das marokkanische Personalstatut liegt in Übersetzungen in mehreren europäischen Sprachen vor, auch auf Deutsch.[20] Es gibt der Frau im vorliegenden Fall einer „Schädigung" (arab. *ḍarar*) durch ihren Mann ein Recht auf Scheidung. Ein Trennungsjahr bzw. eine Trennungszeit wie in Deutschland ist nicht vorgesehen. Der entsprechende Artikel lautet:

> Artikel 98: Die Ehefrau kann aus einem der folgenden Gründe die gerichtliche Scheidung (arab. *taṭlīq)* verlangen[21]:
> 1. Verstoß des Ehemannes gegen eine Bestimmung des Ehevertrags
> 2. Schädigung (*ḍarar*);
> (...)

„Schädigung" ist jeder der Ehefrau zugefügte Schaden oder Nachteil, der physische oder psychische Folgen hervorruft, die das Zusammenleben künftig unmöglich machen;[22] auch die Zweitehe des Mannes wird beispielsweise als Schädigung der Frau angesehen,[23] wie er auch, wenn er „durch seine Handlung oder das Verhalten die Ehefrau in Verruf bringt oder gegen die guten Sitten verstößt", sie schädigt.[24] Mithin hat bereits das vormoderne und mehr noch das moderne islamische Familienrecht faktisch die koranische Regelung der Züchtigung eingegrenzt und der Frau ein Recht auf Scheidung eingeräumt. Statt mit dem bayerischen Innenminister gleich den generellen Kampf gegen die Unterdrückung der Frau im Islam aufzunehmen, hätte in diesem Fall ein Blick in das geltende Recht Marokkos genügt zu zeigen, dass der Sachverhalt komplexer ist, als oft von außen gemeint.

Der genannte Fall der Richterin, die sich zur Koraninterpretin aufschwang und das existierende marokkanische Familienrecht ignorierte, ist, das muss gesagt werden, in Deutschland ein Ausnahmefall und hat sicher aus diesem Grund ein solches Echo in den Medien hervorgerufen. Tatsächlich sind deutsche Juristen generell in der Fremdrechtsanwendung ausgebildet. Allerdings stellt sie die Tatsache, dass dieselbe durch die globale Breite erfolgt, vor hohe Herausforderungen. Es ist nicht einfach für eine_n Richter_in abzuschätzen, wie im Detail mit bestimmten Bereichen dieses jeweils ihnen fremden Rechts umzugehen ist.[25] Juristische Ausbildung beinhaltet bisher keine intensive Schulung in den Rechten anderer Rechtskulturen und setzt schon gar nicht die Kenntnis der entsprechenden Rechtstermini und Konzepte und deren Geschichte bis hin zur heutigen vorliegenden Form voraus. Letztendlich überprüfen die Juristen mithin nur, ob im

20 Nelle (2010).
21 Nelle (2010), S. 78.
22 Ebert (1996), S. 114.
23 Buskens (2003), S. 74.
24 Nelle (2010), S. 78.
25 Siehe meine Kritik an einigen Überlegungen von Juristen, wie der *ṭalāq*, die Verstoßung, nicht als Rechtsakt, wohl aber als rituelle zusätzliche Handlung in eine Scheidung vor einem deutschen Gericht eingebunden werden könnte: Schneider 2014a.

Ergebnis bei einer Scheidung aufgrund eines anderen Personalstatut dasselbe Ergebnis erzielt worden wäre. Ob die Frankfurter Juristin auch insofern nicht korrekt gehandelt hat, als auch nach deutschem Recht im vorliegenden Fall – die Ehefrau wurde bedroht und geschlagen – geschieden hätte werden müssen, ist umstritten, wie aus der oben zitierten Stellungnahme von Arenhövel hervorgeht. Die Frage ist darüber hinaus, was die Richterin mit dem „marokkanischen Kulturkreis" gemeint haben könnte.[26] Christa Stolle sieht einen solchen Verweis auf den „Kulturkreis" als durchaus üblich, auch wenn sie als Geschäftsführerin von Terre des femmes ihn klar verurteilt: „Im Bereich Ehrverbrechen sind schon öfter mildernde Umstände mit dem Hinweis auf das traditionelle Umfeld des Täters geltend gemacht worden", sagt sie. Es habe in der Vergangenheit „Ehrenmorde" gegeben, die anders als normale Morde bestraft worden seien. Mittlerweile habe sich das Bewusstsein allerdings geändert.[27] Der Bezug auf den schwammigen Begriff eines „Kulturkreises" ist problematisch und kann hier nicht diskutiert werden. Es würde eine intensive Untersuchung entsprechender Urteile erfordern, zu verstehen, wann und in welchem Umfang ein solches Argument in Urteilen deutscher Gerichte tatsächlich zur Strafminderung beigetragen haben könnte. Jedoch dürfte deutlich geworden sein, dass nach marokkanischem Familienrecht im vorliegenden Fall – in dem die Bedrohung der Frau feststand – sofort hätte geschieden werden können.

Andererseits ist unbestreitbar, dass in bestimmten Bereichen Kollisionfälle mit dem marokkanischen Personalstatut auftreten können. Allgemein diskutiert sind hier nicht nur die Geschlechterstellung, die im vormodernen Recht keine Gleichheit der Geschlechter kennt (wie übrigens das vormoderne europäische bzw. deutsche Recht auch nicht), sondern auch Religionsfreiheit und grausame im Koran verankerte, heute aber in vielen arabischen und muslimischen Ländern nicht mehr angewandte Körperstrafen.[28] Was also beinhaltet das, was man gemeinhin als „Scharia" bezeichnet? Was sind ihre Grundlagen und Ausgestaltungen? Und welche Virulenz besitzt diese „Scharia" in den in den muslimischen Staaten geltenden Personalstatuten? Im Folgenden soll zunächst ein Blick auf die Regelung der Geschlechterstellung des vormodernen islamischen Rechts geworfen werden (1), bevor dann eine Analyse des zeitgenössischen, geltenden Familienrechts am Beispiel Marokkos erfolgt (2), um zu verstehen, welche Wandlungen sich durch die Kodifizierung der Scharia im Bereich des Familienrechts in der Moderne, durch ihre Einfügung in ein offiziell geltendes Recht eines modernen Nationalstaats, wie es Marokko ist, ergeben haben. Es folgt eine zusammenfassende Bewertung (3).

26 Medick/Reimann (20.03.2007).

27 Medick/Reimann (20.03.2007).

28 Siehe dazu Schneider (2011), S. 86–92; zum Strafrecht vergleiche Peters (2005).

Vormodernes Islamisches Recht und der Koran

Islamisches Recht, die Scharia, wird häufig als ein „heiliges Recht“ bezeichnet, welches dem säkularen im Europa der Moderne geltenden Recht gegenübergestellt wird – dies ist jedoch eine anachronistische Gegenüberstelltung, die der Sachelage nicht dienlich ist. Vielmehr muss die historische Entwicklung des islamischen Rechts beachtet werden. Generell wird weiterhin vermutet, dass die Scharia eine Einheit von Religion und Staat statuiere und durch die „Heiligkeit“ prinzipiell unveränderlich sei. Beides ist nicht zutreffend und muss vor dem Hintergrund der 1400jährigen Geschichte des islamischen Rechts nuanciert werden.[29] Darüberhinaus wurde die Scharia oft als „Pflichtenlehre“ charakterisiert und somit als ein Set von Regeln verstanden, welches den Menschen vor allem an Gott binde, ihm aber im Gegensatz zu den Pflichten keine Rechte zubillige. Auch dies ist nicht zutreffend, denn im islamischen Recht finden sich natürlich sowohl Rechte als auch Pflichten verankert.

Diese Vergleiche sind mithin alle problematisch, können hier aber nicht detailliert diskutiert werden. Es ist jedoch vorab festzuhalten, dass „die“ Scharia in einer essentialisierten Form nicht existiert, dass sie geprägt ist durch einen ungeheuren Binnenpluralismus an unterschiedlichen Rechtsmeinungen; dass sie im sunnitischen Islam allein über vier große Rechtsschulen verfügt, die sich in Detailregelungen unterscheiden; dass sie heute vor allem noch im Familienrecht Relevanz hat und letztendlich durch die Kodifikation erhebliche zeitbedingte Veränderungen durchlaufen hat. Die Bezeichnung „Scharia-Islam“, eingeführt in den Medien durch den Islamwissenschaftler Tilman Nagel (2008), ist deshalb so unglücklich, weil sie nicht nur die islamische Kultur auf einen Aspekt, ihr Recht, reduziert, sondern darüber hinaus – mit dem offenbar in der westlichen Öffentlichkeit angstbesetzten Begriff der „Scharia“ spielend – ihn essentialisiert und auf die bekannten Konfliktpunkte reduziert, ohne das dem islamischen Recht innewohnende Potential einer Modernisierung und Anpassung an „Zeit und Ort“ zu berücksichtigen.[30] Verbunden wurde und wird mit dem Begriff „Scharia“ im Zusammenhang mit der Geschlechterstellung die Unterdrückung und Rechtlosigkeit der Frau durch die Religion des Islams. Vorislamisches Recht regelt, das ist richtig, die Geschlechterstellung nicht im modernen Sinn der Gleichberechtigung. Deshalb birgt diese Charakterisierung die Gefahr einer essentialistischen, zugleich anachronistischen und wissenschaftsgeschichtlich überwundenen Simplifizierung differenzierter und komplexer Prozesse und Konstellationen von Religion und Recht.

Was also ist unter diesem schillernden Begriff zu verstehen? *Šarīʿa* bedeutet zunächst wörtlich soviel wie die „Wasserstelle“ oder der „Weg zur Wasserstelle“. Zu verstehen ist darunter im Allgemeinen das nicht kodifizierte vormoderne in einer Vielzahl von juristischen Meinungen vorliegende islamische Recht, welches auf Koran und die normativen Aussagen und Taten des Propheten, die Sunna (arab. *sunna* „Tradition“) zurückgreift. Die *šarīʿa* regelt generell das Verhältnis der Menschen untereinander *(muʿāmalāt)*, legt

29 Dazu ausführlich Schneider (2008).

30 S. dazu ausführlich Schneider (2008), S. 141–146.

also ihre Rechten und Pflichte gegenüber den Mitmenschen fest, sowie das Verhältnis zwischen Gott und den Menschen (*'ibādāt*). Sie enthält neben rechtlichen auch kultische, moralische und ethische Vorschriften.[31] Die Art, in der gebetet werden soll, ist beispielsweise selbstverständlich Bestandteil der Scharia. Der Koran, die wichtigste Textquelle, ist aber kein „Gesetzesbuch", sowenig wie der Islam eine „Gesetzesreligion" ist, sondern umfasst mit mehr als 6000 Versen heilsgeschichtliche Erzählungen und Parabeln, Hymnen und Gebete neben rechtlichen und moralischen Weisungen. Die Verse sind in 114 Suren eingeteilt, die unterschiedliche Längen haben und ihrem Umfang nach geordnet sind: die zweite Sure ist die längste, die letzte Sure die kürzeste, die erste, die „Öffnende" (*al-fātiḥa*) ist eine kurze Sure, die häufig als Gebet benutzt wird. Der Koran gilt Muslimen als das Wort Gottes und der Islamwissenschaftler Wild charakterisiert seine Rolle in Theologie und Recht aber auch im Leben der Muslime generell folgendermaßen:

> Der Koran ist dem gläubigen Muslim, dem einfachen Gläubigen wie dem gelehrten Theologen, in einer so radikal wörtlichen Weise „Wort Gottes", dass jegliche Lehre von Verbalinspiration dagegen verblasst. Der Koran ist nicht nur göttlich inspiriert, er ist vielmehr in seiner arabischen Sprachform an den Propheten Mohammed ergangenes Wort Gottes selbst. Die herrschende islamische Theologie durch die Jahrhunderte und die Mehrzahl der heutigen islamischen Theologen betrachten den Koran nicht nur als in jeder Hinsicht unüberbietbar, jedem anderen Text überlegen, sondern sogar als „ungeschaffen".[32]

Aber, so fügt Wild hinzu:

> Texte, auch solche die göttlichen Ursprung beanspruchen, sind als solche stumm, und je älter sie werden, desto größer wird die Anstrengung, sie der Stummheit zu entreißen.[33]

Die Auslegung dieser beiden grundlegenden Texte, Koran und Sunna – letztere liegt für den sunnitischen Islam in sechs kanonischen Büchern vor – ist also eine zentrale Aufgabe für die Erschließung des Rechts. Sie wird methodisch in der sunnitischen Theologie durch Analogieschluss (arab. *qiyās)* und den Konsensus der Gelehrten (*iǧmā'*) geleistet. In der schiitischen Theologie spielt schon früh der *iǧtihād*, die sogenannte eigenständige Textinterpretation, eine wichtige Rolle. In der Moderne erhielt dieser Neuzugriff auf die Quellen, der traditionelle Gelehrsamkeit zur Seite schob, eine zentrale Bedeutung bei der Neuauslegung der heiligen Texte auch in der sunnitischen Theologie bzw. dem sunnitischen Recht. *Fiqh* (Verstehen) wird deshalb die Wissenschaft dieses Rechts, die Rechtswissenschaft, die Jurisprudenz genannt, der *faqīh* ist der Rechtswissenschaftlicher (pl. *fuqahā')*. Zuständig für die Exegese der heiligen Texte und mithin die Ableitung der

31 Schneider (2011), S. 35–42.
32 Wild (2001), S. 7.
33 Wild (2001), S. 9.

Normen aus den Texten, vor allem dem Koran, waren in der Vormoderne eben diese muslimischen Juristen, die – da es sich der Konzeption nach um heiliges Recht handelte – in ihrer Rechtsauslegung eine Monopolstellung innehatten, die auch durch den Herrscher nicht ignoriert werden konnte. Diese Berufsgruppe, die auch heute in vielen muslimisch geprägten Ländern hohes Ansehen genießt – man denke nur an die einflussreiche Hochschule AlAzhar in Ägypten –, stand historisch nicht immer im Einvernehmen mit der Staatsmacht, im Gegenteil. Nach vormoderner islamischer Staatstheorie konnten die Gelehrten theoretisch den Herrscher entheben.[34]

Da nun diese interpretative Aktivität praktisch der einzige Zugang zum Recht ist, werden beide Termini, Scharia und *fiqh*, häufig synonym benutzt, wobei Scharia die Konnotation des göttlichen Rechts und *fiqh* die Konnotation der menschlichen Erkenntnis desselben in sich schließt.[35] Dem ägyptischen Juristen Muḥammad Saʿīd al-ʿAšmāwī (geb. 1932) zufolge ist der Begriff des *fiqh* in den Fällen anzuwenden, wenn es sich um islamrechtliche Regelungen, Gesetzestexte und Konzepte handelt, um nicht aus den Augen zu verlieren, dass hier immer „Menschenwerk" vorliegt. Er kritisiert die Verwendung des Begriffes „Scharia" in der ägyptischen Verfassung (Artikel 2)[36] und argumentiert, er müsse durch „*fiqh*" ersetzt werden, denn der ägyptische Gesetzgeber könne sich immer nur auf menschliche Exegese beziehen.[37] Er verweist auf die Wandelbarkeit der Interpretationen rechtlicher Regelungen. Es ist also die menschliche Auslegung des göttlichen Rechts, welche die muslimischen Juristen erarbeiteten. In der 1400-jährigen Geschichte des islamischen Rechts kamen die Juristen zu teilweise sehr unterschiedlichen Auslegungen der Verse. Diese spiegelt sich in einer äußert umfangreichen Rechtsliteratur und, institutionell, in der Etablierung von vier sunnitischen und mindestens einer schiitischen Rechtsschule.

Der Koran als ein Text des 7. Jahrhunderts bezieht sich in manchen Stellen auf die Geschlechterstellung, jedoch sind vielfach unterschiedliche Interpretationen möglich. Die Ehe gilt als eine zentrale Institution und wird in vielen Versen angesprochen. Die Zahlung des Brautgeldes durch den Mann an die Frau wird erwähnt (4:4) und es geht an die Frau und nicht an den Vater der Braut, wie das möglicherweise in vorislamischer Zeit der Brauch war. Die Leviratsehe, offenbar ebenfalls eine vorislamische Sitte, der zufolge nach dem Tod eines Mannes die Witwe mit dessen Bruder verheiratet wurde, wurde verboten (4:19). Eine Gleichheit der Geschlechter könnte aus Vers 49:13 abgelesen werden:

> Ihr Menschen! Wir haben euch geschaffen (indem wir euch) von einem männlichen und einem weiblichen Wesen (abstammen ließen)....

34 Schneider (2008); im Detail dazu sehr kenntnisreich Nagel (1981).

35 Schneider (2014b).

36 Inzwischen wurde die ägyptische Verfassung mehrfach überarbeitet, der besagte Artikel besteht jedoch weiter, s. Constitution of the Arab Republic of Egypt (2014).

37 ʿAšmāwī (1983), S. 29, 178f., 195; s.a. Shepard (1996), S. 39–58.

Dagegen steht der eingangs zitierte Vers 4:34, auf den sich die bundesdeutsche Richterin bezog und der eine Geschlechterhierarchie widerzuspiegeln scheint, die stufenweise formuliert bis zur körperlichen Züchtigung der Frau durch den Mann reicht. Frauen ist die Ehe mit Nichtmuslimen verboten (2:221), nach 5:5 dürfen muslimische Männer jedoch nichtmuslimische Frauen heiraten, aber nur Schriftbesitzerinnen, also Christinnen und Jüdinnen. Dem Mann wird das Recht zugebilligt, bis zu vier Ehefrauen gleichzeitig zu heiraten (4:3) und Polygynie ist, auch wenn prozentual vielleicht vielfach nicht mehr relevant, in fast allen arabisch-muslimischen Ländern rechtlich möglich. Die Verse 2:226–229 geben dem Mann das praktisch uneingeschränkte und nur von ihm auszuübende Recht der Verstoßung, genannt *ṭalāq*. Es ist eine Verstoßung, weil er dieselbe ohne Begründung ausüben kann, sie nach dem vormodernen Recht nicht einmal der Frau mitteilen muss, nach einigen Rechtsschulen sie auch im Alkoholrausch aussprechen darf und sie dann in einem gewissen Rahmen zurücknehmen kann, ebenfalls ohne die Frau zu fragen. Nach der malikitischen, in Nordafrika geltenden Rechtsschule, können Frauen beim Vorliegen von bestimmten Gründen, z.B. bei der eingangs genannten im marokkanischen Personalstatut verankerten „Schädigung", aber auch bei Nichtzahlung des Unterhalts und längerer Abwesenheit des Mannes gerichtlich die Scheidung erwirken. Sie ohne Gericht durchzuführen, wie es dem Mann zusteht, ist ihnen nicht möglich. Insofern ist der Zugang zur Scheidung niemals gleich gewesen für die Geschlechter. Im Fall des Auseinanderbrechens der Ehe soll laut Koran ein Vermittlungsversuch erfolgen (4:35), um die Ehe zu retten. Loskauf für die Frau durch die Rückgabe ihres Brautgeldes ist nach Koran 2:229 und einer Überlieferung des Propheten erlaubt und wurde im vormodernen Recht an die Zustimmung des Ehemannes gebunden.[38] Hier hat der ägyptische Gesetzgeber im Jahr 2000 eine tiefgreifende Neuregelung getroffen, der zufolge die Frau vor Gericht auch gegen den Willen des Mannes durch die Rückzahlung des Brautgeldes eine Scheidung erwirken kann.[39] Die Studie von Sonneveld zeigt eindrücklich und unterhaltsam, mit welch heftigen Debatten und deftigen Karikaturen wie auch klischeehaften filmischen Verarbeitungen die Einführung dieses Gesetzes einherging.[40] Der ägyptische Gesetzgeber schuf damit ein gewisses, wenn auch nicht gleichwertiges Gegengewicht zu dem uneingeschränkten Recht des Mannes auf Verstoßung, welches später in anderen Kodifikationen wie in Jordanien (2001) und Marokko (2004) aufgegriffen wurde.

Eine idealtypische vormodern-islamische Ehe, so wie sie aus den Quellen in der islamischen Jurisprudenz entwickelt wurde, weist mithin mit der idealtypischen vormodernen christlichen Ehe Gemeinsamkeiten und Unterschiede auf.[41] Anders als im Christentum ist im Islam die Ehe kein Sakrament, sondern ein Vertrag, der immer auch Gütertrennung

38 Siehe hierzu die ausführliche Erörterung der Quellentexte bei Denker (2004). Denker weist nach, dass eine genaue Textanalyse einiger Varianten nicht die Zustimmung des Ehemanns – die von den Rechtsschulen jedoch durch die Jahrhunderte hindurch als erforderlich gesehen wurde – nötig macht.

39 Siehe dazu das überaus aufschlußreiche, weil auch die gesellschaftliche Reflexion dieser Scheidung in Film und Karrikatur einbeziehende Buch von Sonneveld (2012).

40 Sonneveld (2012).

41 Schneider (2011), S. 69–86.

beinhaltet. Sie ist aber vielfach im Koran erwähnt und gilt als ein ganz besonderer Bund und insofern auch wieder nicht mit einem rein säkularen modernen Vertrag gleichzusetzen. Die Frau erhält das Brautgeld und hat ein Recht auf Unterhalt.[42] Als Gegenleistung ist sie ihrem Mann, dem Oberhaupt der Familie, zu Gehorsam verpflichtet, indem sie ihm sexuell zur Verfügung steht und das Haus nur unter von ihm definierten Umständen verlassen darf. Die Position als Oberhaupt der Familie ist nicht spezifisch für die muslimische idealtypische Ehe, sie findet sich auch bei den Christen und ist Ausdruck der patriarchalischen Gesellschaftsstruktur. Unterschiede bestehen im Scheidungsrecht, das christliche Kirchen den Ehepaaren lange vorenthielten, im islamischen Recht jedoch vorgesehen – wenn auch nicht gut angesehen – war. Ein weiterer Unterschied ist die Möglichkeit polygyner Ehen, der das strikte Monogamiegebot der christlichen Tradition gegenüber steht. Generell haben sowohl in der traditionell christlichen wie auch in der traditionell islamischen Ehe Männer mehr und andere Rechte als Frauen, und die Position von Männern ist generell als über den Frauen angesiedelt zu sehen.[43]

Aufbauend auf einer großen Vielfalt unterschiedlicher Detailregelungen der einzelnen Rechtsschulen, den „Binnenpluralismus" des islamischen Rechts reflektierend, wurde ab dem 19. Jahrhundert islamisches Recht schrittweise kodifiziert und in moderne Gesetzestexte überführt, die dann mit der Etablierung moderner Nationalstaaten als geltendes Recht eingeführt wurden. Die Prozesse der Auswahl der zu kodifizierenden Regelungen waren komplex und von breiten gesellschaftlichen Debatten begleitet. Das vielfach als „heilig" und deshalb „unwandelbar" gescholtene islamische Recht erwies sich als überaus flexibel und an „Ort und Zeit" anpassbar. Koranverse konnten neu interpretiert werden. So ging Tunesien bereits in den 50er Jahren des 20. Jahrhunderts so weit, die Polygynie unter Verweis auf die im Koran geforderte Gleichbehandlung der Frauen – die man bisher auf ihre materielle Versorgung bezogen hatte – abzuschaffen und die Monogamie einzuführen. Anderswo wurde die Institution der Polygynie beibehalten, aber durch Gerichtsbindung, verknüpft mit einem Scheidungsrecht der Frau im Fall der Zweitheirat des Mannes, eingeschränkt.[44] Das Familienrecht, das einen Kernbereich des islamischen Rechts darstellt und dessen Regelungen vielfach, wenn auch nicht ausschließlich, auf die heiligen Texte (Koran und Sunna) zurückgeführt werden, liegt in den arabischen und islamischen Ländern seit 2011 mit der Ausnahme Saudi-Arabiens in kodifizierter oder teilkodifizierter Form vor.[45]

Kodifizierung im islamrechtlichen Bereich wird normalerweise als Produkt des kolonialen Einflusses auf die islamischen Länder gewertet. Aus diesem Grund wird sie aus der Perspektive mancher muslimischer Denker auch als „unislamisch" bezeichnet.[46] In der Forschung ist diskutiert worden, ob Kodifikation als Prozess „innerhalb" oder „außerhalb" der Scharia verstanden werden müsse, ob sie als eine „Säkularisierung der Scharia"

42 Schneider (2011), S. 82–83.
43 Für eine intensive Auseinandersetzung mit der christlichen Ehe s. Lehmann (2014).
44 Schneider (2011), S. 74.
45 Schneider (2008); Rohe (2011), S. 182–184.
46 Rohe (2001), S. 183; Layish (2004), S. 91–95.

zu sehen sei oder als Ausdruck der inhärenten Flexibilität dieses Rechts in der Anpassung an die Moderne oder ob nicht vielmehr eine Bewertung dieser Kodifikation den Muslimen zu überlassen sei.[47] Die Verfasserin dieser Zeilen schließt sich der letztgenannten Position an. Solange ein Staat sich entschließt, seine Auswahl und Modernisierung des islamischen vormodernen Rechts als eine die inhärente Flexibilität der Scharia nutzende Neudeutung der Scharia zu sehen und sie in die Form eines Gesetzes zu gießen, ist dies zu akzeptieren. Der Literaturwissenschaftler Thomas Bauer hat die Kodifizierung hingegen als eine „Perversion" des islamischen Rechts bezeichnet.[48] Einmal abgesehen davon, dass es einem westlichen Wissenschaftlern nicht ansteht, den Umgang der Muslime mit ihrem Recht derart abwertend zu beurteilen, stellt sich die Frage der Begründung. Kodifikation ist für ihn Verengung, Festlegung eines vormodernen angeblich enorm „ambiguitätstoleranten" Islams, den er aus den Texten ablesen zu können glaubt, dessen empirischen Nachweis im Rahmen gesellschaftlicher, politischer und auch patriarchalischer Machtstrukturen, die ja auch den vormodernen Islam, wie das vormoderne Europa prägen, er jedoch schuldig bleibt. Es ist alles andere als sicher, dass Frauen sich zu jeder Zeit und überall „die Rosinen" aus der Bandbreite der Rechtsmeinungen herauspicken und den jeweils für sie zuständigen Richter dazu bringen konnten, die bestmögliche unter den vielen Rechtsmeinungen auf sie anzuwenden. Irrig ist auch die Meinung, allein die Kolonisierung habe den toleranten vormodernen Islam verunstaltet und verstümmelt, die Moderne habe die vormoderne Vielfalt in ein einheitliches Prokrustesbett gezwängt. Dies ist eine die Vormoderne des Islams romantisierende und simplifizierende Sicht , die mit den Ergebnissen der umfangreichen historischen Forschung zu den 1400 Jahren muslimischer Kultur, Gesellschaft und Politik nicht in Einklang gebracht werden kann. Eine (Ab) wertung scheint deshalb wenig sinnvoll, will man das historisch nun einmal bestehende Faktum der Kodifizierung beschreiben. Fakt ist, dass eine Kodifizierung in zahlreichen Rechtsgebieten und vielen Staaten erfolgte.[49] Ziel der Kodifikation in Europa und den muslimischen Ländern ist eine Rechtsvereinheitlichung, die Rechtssicherheit gewährleisten soll. Debatten, die dann zu Rechtsänderungen führen, werden weiterhin geführt, wie allein die verschiedenen Neufassungen des marokkanischen Familiengesetzes seit 1957/8 zeigen. Tatsächlich kann man im Bereich des Familienrechts feststellen, dass Kodifikationen bisher dazu führten, sukzessiv Schritte zur rechtlichen Gleichstellung von Frauen zu gehen.[50]

47 Layish (2004), S. 91–99

48 Bauer (2011), S. 181. Sein Buch wurde zum islamwissenschaftlichen Bestseller, weist jedoch gerade in den Bereichen des islamischen Rechts und der Geschlechterforschung erhebliche Mängel auf, s. Rezension Schneider (2012).

49 Schneider (2008), S. 149–16F4.

50 Schneider (2011), S. 74–86.

Zeitgenössisches Recht – Das Beispiel Marokko

Kodifizierung umfasst eine Auswahl und Neuzusammensetzung des vormodernen islamischen Rechts, das auf der Grundlage der Interpretation der Texte, also Koran und Sunna, wie bereits gesagt eine große Bandbreite an Meinungen und unterschiedlichen Regelungen hervorgebracht hat. So war es nach dem Recht der hanafitischen Rechtsschule nicht möglich, dass sich eine Frau, deren Mann verschwunden war, scheiden lassen konnte – auch nicht wenn er keinen Unterhalt bezahlte oder sie schlug („Schädigung", *ḍarar*) oder im Fall von ehelichem Zwist (*šiqāq*). Das war aber möglich nach malikitischem Recht – und so wurde malikitisches Recht in praktisch alle Personalstatuten der postkolonialen Zeit aufgenommen, es findet sich heute auch in Ländern, deren Recht ursprünglich nicht malitikisch geprägt war wie z.B. in Jordanien, Ägypten, Libanon, Iran und Afghanistan.[51]

Marokko hat seit 2011 eine neue Verfassung,[52] die, ähnlich wie das Personalstatut von 2004, als „Meilenstein" charakterisiert wurde.[53] Schon in der Präambel verpflichtet sich das Land zur Beseitigung jeder Form der Diskriminierung und nimmt explizit auf die Diskriminierung auf Grund des Geschlechts Bezug, wie auch auf die vom Land unterschriebenen internationalen Konventionen. Artikel 19, der ein deutliches Bekenntnis zur völligen rechtlichen, sozialen und kulturellen Gleichstellung der Geschlechter ablegt und ein absolutes Diskriminierungsverbot festschreibt, stellt ein Novum in der Geschichte des Landes dar.[54]

Wie in allen nahöstlichen Verfassungen ist auch in der marokkanischen Verfassung der Islam verankert. In Artikel 3 wird der Islam als Staatsreligion festgelegt. Gemäß der neuen Verfassung ist der König Staatsoberhaupt (Artikel 42) und religiöses Oberhaupt (Artikel 41). Die religiös legitimierte marokkanische Monarchie ist traditionell stark und im Bewußtsein der Marokkaner verankert[55] und der König kontrolliert den Prozess der Gesetzgebung eng. In der Verfassung von 2011 wurde darüber hinaus ein umfassender Grundrechtskatalog eingeführt.[56]

Seit 1970 hatten marokkanische Frauen und Männer für eine rechtliche und gesellschaftliche Gleichstellung gekämpft und seit 1990 hatte sich der Staat und der König selbst dieser Aufgabe angenommen und schrittweise die Gesetzgebung reformiert.[57]

51 S. Ebert 1996, S. 114

52 S. https://www.constituteproject.org/constitution/Morocco_2011.pdf, abgerufen am 24.7.2019.

53 Zeino-Mahmalat (2014), S. 121.

54 Zeino-Mahmalat verweist auf die Kritik von Frauenorganisationen, dass die in Artikel 19 festgestellte Gleichstellung eher als Ziel denn als einklagbares Recht dargestellt wird und an die Grenzen der in Artikel 19 erwähnten und nicht beschriebenen „Konstanten" stößt. Unter diese Konstanten kann zum Beispiel die in der Präambel erwähnte „unveränderbare nationale Identität" fallen (Zeino-Mahmalat (2014), S. 143).

55 Zeino-Mahmalat (2014), S. 123.

56 Zeino-Mahmalat (2014), S. 136.

57 Siehe zu den die Gesetzesänderung von 2004 vorbereitenden gesellschaftlichen und politischen Debatten ausführlich Buskens (2003).

Zeino-Mahmalat spricht von einem durch den König kontrollierten „Staatsfeminismus", der erheblich zur Gleichstellung der Geschlechter beigetragen habe. Sie zeigt auf, dass dieser Pakt zwischen königlichen Eliten und Entscheidungsträgern in Zusammenarbeit mit säkularen Frauenorganisationen nur durch die von Islamisten geführte Regierung herausgefordert wurde.[58] Interessanterweise hat in der islamistischen Bewegung mit ihrer Kritik an der Geschlechtergleichheit und dem Personalstatut lange eine Frau als Sprecherin fungiert: Nadia Yassine (geb. 1958).[59] Positionierungen für internationales Recht, Menschenrechte und Geschlechtergleichheit sind nicht an das biologische Geschlecht gebunden, sondern finden sich bei Männern und Frauen, wie auch die Gegenpositionen durchaus von Frauen vehement vertreten, Regelungen wie die Polygynie von ihnen verteidigt werden können.

Die Kodifikation des marokkanischen Personalstatuts geht auf die Jahre 1957–1958 zurück, auf die Zeit nach dem Ende des französischen Protektorats. Bereits in den 1980er Jahren wurde „Menschenrechte", so Buskens in seiner Studie zur Debatte der marokkanischen Familienrechtsreform, zu einem Schlüsselwort in den Diskussionen um die Rechte der Frau.[60] Erste vorsichtige Reformversuche waren spätestens seit 1993 noch unter Hasan II. eng verbunden mit Anfängen der Demokratisierung des Landes. Buskens nennt diese Zeit noch die Zeit einer „carefully controlled political reform and democratization". Dennoch übernahm der König die Verantwortung und Leitung dieser Diskussion in seiner Rolle als „Beherrscher der Gläubigen" (*amīr al-mu'minīn*) und sah es als seine Aufgabe, die autoritative Interpretation des Islams durch *iǧtihād* zu bestimmen.[61] Danach gewann die Diskussion an Vehemenz, besonders als 1999 ein ausführlicher Reformplan vorgelegt wurde, der eine sehr weitgehende Reform zugunsten der Geschlechtergleichheit beinhaltete und in vielen Punkten weit über das vormoderne Recht hinausging.[62] Schlagworte wie Demokratie, Menschenrechte, Zivilgesellschaft und *iǧtihād* im Sinne eines neuen Zugangs zu den Texten beherrschten die Debatten und werden von Buskens zu Recht als ein Beweis dafür gesehen, dass zentrale gesellschaftliche Themen zur Entscheidung anstanden. Wer darf sich wozu in der Öffentlichkeit äußern und sich politisch betätigen? Wer hat das Recht, über religiöses Recht zu sprechen, es autoritativ auszulegen? Neben der Politik, der Regierung und Vertretern der Verwaltung beteiligten sich Angehörige des Gelehrten-Establishments, der Islamisten, der Frauen- und Menschenrechtsorganisationen, Journalisten und viele mehr.[63] Die Vertreter des Scharia-Establishments traten dem Entwurf kritisch und ablehnend gegenüber und kritisierten insgesamt einen Mangel

58 Zeino-Mahmalat (2014), S. 142.

59 Schneider (2011), S. 199.

60 Buskens (2003), S. 78.

61 Buskens (2003), S. 79.

62 Buskens (2003), S. 84–89. Das gilt nach Buskens v.a. für die Aufteilung des in der Ehe erworbenen Vermögens, s. Buskens (2003), S. 86, welches die im klassischen Recht geltende Gütertrennung beendete und dem Richter die Möglichkeit gegeben hätte, das Vermögen, das während der Ehe akkumuliert wurde, hälftig aufzuteilen. Das Heiratsalter wäre auf 18 angehoben, der Ehevormund abgeschafft, Polygynie an die Erlaubnis der ersten Frau gebunden worden.

63 Buskens (2003), S. 70–72.

und Ignoranz von Moral. Frauen seien zu emotional, um selbständig Entscheidungen zu treffen.[64] Dieses Argument mag beim Leser dieser Zeilen Stirnrunzeln hervorrufen aber die angebliche Emotionalität von Frauen, die sie nicht dazu befähige, ohne Führung, Leitung und Schutz des Mannes ihr Leben zu führen, geschweige denn öffentlich aufzutreten oder Ämter zu bekleiden, ist kein „islamisches" Argument, es ist ein Argument des Patriarchats. Es findet sich genauso in den Diskussionen in Deutschland zu Beginn des 20. Jahrhunderts, als Frauen erstmals Ämter in der Justiz und insbesondere als Richterinnen anstrebten.[65] Erst während der zwanziger Jahre des 20. Jahrhunderts gelang es mehr Frauen, in der Justiz Fuß zu fassen, nur um dann 1936 durch ein Dekret Hitlers wieder aus diesem Berufsfeld verbannt und zur Rückkehr in die Rolle als Gebärerin von Kindern, Hausfrau und Mutter gezwungen zu werden.[66]

Das Recht, die Texte auszulegen und die Scharia weiterzuentwickeln wurde den marokkanischen Rechtsgelehrten durch liberale Politiker und Journalisten und vor allem Frauenorganisationen streitig gemacht. Sie argumentierten, *iǧtihād* sei das Recht eines jeden einzelnen Gläubigen.[67] Buskens sah hier, in diesen Diskussionen um die Reform des Familiengesetzes, die Entstehung einer öffentlichen Sphäre in Marokko.[68]

Nach dem Tod Hasans II. im Jahr 1999 kündigte sein Sohn und Nachfolger, Muhammad VI., bereits in seiner Thronrede seine Unterstützung für gleiche Rechte für Männer und Frauen an.[69] Islamistische Gruppen liefen Sturm gegen ein mögliches neues Personalstatut, die Auseinandersetzung verschärfte sich auch im Ton. Während die eine Seite die Reformpläne als verderblichen „Einfluß des Westens" brandmarkte, der die Scharia verletze, und die Verfechter der Reform als „Ungläubige" diskreditierte, während Polygynie und Scheidungsrecht des Mannes als göttlich legitimiert dargestellt wurden, beschuldigte die Gegenseite die muslimischen Gelehrten, „marokkanische Taliban" zu sein und bezeichnete eine Reform des Familienrechts als notwendig zum Wohle der Gesellschaft, wie sie sich im 21. Jahrhundert darstelle.[70] Letztendlich zog der König die Diskussion an sich und im Jahr 2004 wurde das neue Familiengesetz im Parlament abgestimmt und in Kraft gesetzt.[71]

Zwar konnten nicht alle von den Frauenorganisationen geforderten Änderungen übernommen werden, jedoch ist das Gesetz von 2004 in mehreren Punkten richtungsweisend:

---

64 Buskens (2003), S. 90.

65 Schultz (2016), S. 26.

66 Schultz (2016), S. 27. In Marokko wurde die erste Richterin 1960 ernannt, s. List of first women lawyers and judges in Afrika, in: *Wikipedia*, s. https://en.wikipedia.org/w/index.php?title=List_of_first_women_lawyers_and_judges_in_Africa&oldid=908429056#Morocco, abgerufen am 05.08.2019.

67 Buskens (2003), S. 92–93.

68 Buskens (2003), S. 70.

69 Buskens (2003), S. 94.

70 Buskens (2003), S. 94–103.

71 Buskens (2003), S. 110; s.a. Ebert (2005) und neuerdings im Vergleich zur Reformen des Familienrechts in Jordanien: Engelcke (2019).

- Seit 2004[72] ist der Mann rechtlich nicht mehr Oberhaupt,[73] sondern er leitet die Familie gemeinsam mit der Frau (Artikel 4).[74] Zum Vergleich dürfte der Hinweis hilfreich sein, dass auch in Deutschland trotz des entsprechenden Artikel 3 des Grundgesetzes und der darin festgelegten Gleichberechtigung von Mann und Frau die Hausfrauenehe noch 1957 durch den Gesetzgeber festgelegt worden war und bis 1977 galt.[75] Bis zu diesem Zeitpunkt war trotz des anderslautenden Artikels im Grundgesetz (1949) in Deutschland der Mann das Oberhaupt der Familie und hatte das Recht, in vielen Punkten in das Leben der Frau einzugreifen. Bis 1977 durfte nach der Juristin Langenfeld eine Frau eine berufliche Tätigkeit nur aufnehmen, wenn der Mann dieselbe als vereinbar mit ihren Pflichten in Haushalt und Familie sah. Die Ehefrau benötigte für die Aufnahme einer Erwerbstätigkeit die Zustimmung des Ehemannes, die sie bei Abschluss des Arbeitsvertrages dem Arbeitgeber vorzulegen hatte. Die Verheiratung einer Beamtin hatte ihre Entlassung aus dem Beamtenverhältnis unter Hinweis auf den naturgegebenen Funktionsunterschied zwischen Mann und Frau zur Folge.[76]
- Während in der älteren Version des Familienrechts Frauen für ihre Verheiratung einen Vormund brauchten, kann die volljährige Frau seit 2004 die Ehe nun nach Artikel 24 und 25 selbständig schließen. Das war nach vormodernem malikitischen – in Marokko geltendem – Recht nicht vorgesehen und ist eine Übernahme aus dem hanafitischen Rechts.[77]
- Es wird ein einheitliches Volljährigkeitsalter für Männer und Frauen mit 18 Jahren festgelegt (Artikel 19)[78] und damit der internationalen Kinderrechtskonvention entsprochen.
- Die Polygynie *(taʿaddud az-zauǧāt)* bleibt allerdings, wie in der überwiegenden Mehrheit der muslimisch geprägten Länder, weiterhin möglich. Nur Tunesien und die Türkei haben sie bisher abgeschafft. In den Artikeln 40–46 wird sie eingeschränkt und an eine Reihe von Voraussetzungen gekoppelt, die sich auf die Gleichbehandlung der Ehefrauen und der Kinder, die erforderliche gerichtliche Genehmigung, die soziale Lage sowie die Scheidungsmöglichkeit der ersten Ehefrau bei Abschluss einer Zweitehe durch ihren Mann beziehen.[79]
- Grundsätzlich verbleibt die Berechtigung zum *ṭalāq* beim Ehemann, auch wenn in Artikel 78 Ehemann und Ehefrau genannt sind, die die „Verstoßung“ betreiben können. Die Ermächtigung der Ehefrau zum (eigenen) *ṭalāq* geschieht gemäß Artikel 89 durch den Ehemann.

72 Für die Kommentierung der wichtigsten Änderungen s. Ebert (2005), S. 621–630. Hier beschränke ich mich auf einige wichtige Punkte, v.a. das Scheidungsrecht.
73 Dazu s. Buskens (2003), S. 75.
74 Siehe dazu Nelle (2010).
75 Langenfeld (2016), S. 36.
76 Langenfeld (2016), S. 37.
77 Ebert (2005), S. 621f.
78 Ebert (2005), S. 622–23.
79 Ebert (2005), S. 623–24.

- Aber Scheidung ist nun nicht mehr außerhalb des Gerichts möglich und der Richter muss zunächst einen Versöhnungsversuch unternehmen (Artikel 81–83), um die Ehe zu retten. Erst wenn dieser Versuch scheitert, kann der Richter die Ehe scheiden. Der Ehemann muss dazu innerhalb einer Frist von 30 Tagen eine Geldsumme hinterlegen, die nicht nur die Ansprüche der Kinder, sondern auch das vereinbarte, aber noch nicht bezahlte Brautgeld, den Unterhalt in der Wartezeit der Ehefrau sowie eine Entschädigung für die Ehefrau in Abhängigkeit von den konkreten Bedingungen wie Ehedauer, wirtschaftliche Lage des Ehemannes etc. umfasst (Artikel 84 und 85).[80]
- Die Ehescheidung aufgrund eines ehelichen Zerwürfnisses kann von beiden Eheleuten oder von einem von beiden gerichtlich beantragt werden (Artikel 94). Die Feststellung der „Schuld" des Partners am Zerwürfnis bildet die Grundlage für die Entschädigung gegenüber dem anderen.[81]

Die Mudawwana von 2004 weicht insofern bezüglich der Scheidung vom vormodernen Recht deutlich in vier Punkten ab: in der Definition von *ṭalāq* als Lösung des Ehevertrags – auch wenn damit keine Geschlechtergleichheit im Zugang zur Scheidung etabliert wurde; in der Gerichtsbindung, die dem unkontrollierbaren Prärogativ der Verstoßung der Frau durch den Mann im vormodernen Recht einen Riegel vorschiebt; in der Verknüpfung mit einem obligatorischen Versöhnungsverfahren auch für den Mann und damit in der Bindung an Bedingungen auch für den Ehemann.

Die in der Mudawwana 2004 niedergelegten Artikel sind, wie oben beschrieben, das Ergebnis zäher Verhandlungen und langwieriger Diskursprozesse zwischen traditionell denkendem Gelehrtenestablishment, staatlichen Organen und Instanzen, die an der Entwicklung und Abstimmung der Gesetzestexte beteiligt waren, sowie zivilgesellschaftlichen Organisationen, hier vor allem den besonders aktiven Frauenrechtsorganisationen seit Beginn des 20. Jahrhunderts und im späten 20. Jahrhundert den Menschenrechtsorganisationen.[82] Marokko hat sich durch die Ratifizierung internationaler Konventionen, hier vor allem der Frauenrechtskonvention CEDAW, (Convention on the Elimination of all Forms of Discrimination against Women)[83] im Jahr 1993 zu einer Anpassung der Gesetzgebung an internationale rechtliche Normen der Gleichheit verpflichtet. Als einer der wenigen islamisch geprägten Staaten ist Marokko außerdem seit 2010 Vertragsstaat des Fakultativprotokolls, womit die Möglichkeit der Individualbeschwerde gegeben ist. Marokko ist auch Vertragsstaat des Übereinkommens über die politischen Rechte der Frau.[84] Nichtsdestotrotz bestehen immer noch Vorbehalte Marokkos gegen die Artikel

80 Ebert kommentiert: „Damit trägt der *ṭalāq* in dieser marokkanischen Variante Merkmale einer gerichtlichen Eheauflösung aufgrund eines Zerwürfnisses (*šiqāq*)". S. Ebert (2005), S. 625.

81 Ebert (2005), S. 625.

82 Dazu Buskens (2003).

83 S. CEDAW: https://www.un.org/womenwatch/daw/cedaw/, abgerufen am 12.07.2019; Buskens (2004), S. 109.

84 S. http://indicators.ohchr.org/, abgerufen am 27.07.2019.

2, 15 (4), 29 der Frauenrechtskonvention.[85] Bezüglich Artikel 2 lautet der Vorbehalt des marokkanischen Staates:

> Declaration Article 2
> The Government of the Kingdom of Morocco expresses its readiness to apply the provisions of this article provided that:
> – (...)
> – They do not conflict with the provisions of the Islamic Sharia. It should be noted that certain of the provisions contained in the Moroccan code of Personal Status according women rights that differ from the rights conferred on men may not be infringed upon or abrogated because they derive primarily from the Islamic Sharia, which strives, among its other objectives, to strike a balance between the spouses in order to preserve the coherence of family life.

Aus der Novellierung des Familiengesetzes erwuchs mithin zwar keine Geschlechtergleichheit, jedoch gelang es den Frauenorganisationen, erhebliche Schritte in diese Richtung zu erzwingen. Kodifikation in einem modernen Nationalstaat bedeutet auch immer Rechtssicherheit, denn die Gerichte sind an die Anwendung des Gesetzes gebunden. Aus diesen Perspektiven der Rechtssicherheit und der zumindest schrittweisen Angleichung an internationales Recht und Menschenrechte lässt sich die Geschichte der Kodifizierung als eine „Perversion", wie von Bauer vorgebracht, sicher nicht rechtfertigen. Vielmehr kann sie als gelungene, aber immer an harte Aushandlungsprozesse gebundene Fortentwicklung der Scharia in ihrer nun bestehenden Form als kodifiziertes Recht gesehen werden. Allerdings bedeutet Kodifikation nicht automatisch eine Entwicklung hin zu mehr Geschlechtergerechtigkeit. Diskussionsprozesse können gerade unter islamistischem Einfluss und unter dem Einwirken traditioneller Geschlechterkonzepte auch wieder Rück-Reformen hervorrufen.[86]

Zusammenfassende Bewertung

Rückblickend wird nach diesem Ausflug in das vormoderne islamische Recht und seine Kodifizierung am Beispiel Marokkos die Absurdität der Entscheidung der Frankfurter Richterin umso deutlicher. Die Geschichte der Scharia ist eine über 1400 Jahre verlaufende, komplexe und in ihren Details noch immer nicht für alle Orte und Zeiten untersuchte. Zwar wurde der Rückgriff auf den Koran (und die Sunna) immer wieder angemahnt, jedoch hat die islamische Jurisprudenz das göttliche Recht auch zu einer Rechtsform umgebaut, in der die jeweiligen Verhältnisse von „Ort und Zeit" (*makān wa-zamān*) berücksichtigt wurden. Koranvers 4:34, der über 1400 Jahre durch ein patriarchal gepräg-

85 S. https://treaties.un.org/Pages/ViewDetails.aspx?src=TREATY&mtdsg_no=IV-8&chapter=4&lang=en#EndDec, abgerufen am 12.07.2019.

86 Schneider (2011), S. 171–177.

tes und praktisch durchwegs männliches Gelehrtenestablishment als Überlegenheit des Mannes ausgelegt worden war, war bereits durch das vormoderne malikitische Recht eingeschränkt worden, welches einer Frau bei körperlicher und psychischer Schädigung (*ḍarar*) das Recht auf Scheidung zugestand. Die heutige feministische Koranexegese kämpft mit dem Wort „*ḍaraba*" schlagen und versucht Neuinterpretationen, während sich Frauen- und Menschenrechtsorganisationen seit nunmehr mehr als hundert Jahren in den arabischen und islamischen Ländern für eine rechtliche Gleichstellung einsetzen. Hier wissen sie sich im Einklang mit der deutschen Frauenbewegung in den fünfziger und sechziger Jahren und der Bemühung der Rechtswissenschaftlerinnen und Rechtswissenschaftler, die im Grundgesetz 1949 festgelegte Gleichstellung der Geschlechter auch im Familienrecht zu verankern.[87]

Eine Richterin bzw. jeder, der in den Koran schaut und sich daraus ohne weitere sonstige Vorkenntnis ein undifferenziertes Urteil über die Religion und das Recht des Islams glaubt erlauben zu können, statt das mühsam erkämpfte kodifizierte Familienrecht zugrunde zu legen, desavouriert die Bemühungen dieser arabischen Aktivistinnen und Aktivisten. Das kann nicht im Interesse einer modernen, globalisierten Welt sein, in der sich inzwischen fast alle Länder durch die Unterzeichnung von CEDAW zu Frauenrechten und Gleichberechtigung bekennen[88] und an ihrer Umsetzung arbeiten.

Literatur

Ali, Kecia (2006): *Sexual ethics and Islam: feminist reflections on Qur'an, Hadith, and jurisprudence*. Oxford.

ʿAšmāwī, Muḥammad Saʿīd al- (1983): *Uṣūl aš-šarīʿa*. 3. Aufl. Kairo.

Bauer, Thomas (2011): *Die Kultur der Ambiguität*. Berlin.

Buskens, Leon (2003): „Recent Debates on Family Law Reform in Morocco: Islamic Law as Politics in an Emerging Public Sphere"; in: *Islamic Law and Society* 10, S. 70–131.

CEDAW (Convention on the Elimination of all Forms of Discrimination against Women), United Nations, s. https://www.un.org/womenwatch/daw/cedaw/, abgerufen am 12.07.2019.

Constitution of the Arab Republic of Egypt (2014), s. http://www.sis.gov.eg/Newvr/Dustor-en001.pdf, abgerufen am 12.07.2019.

Denker, Hendrik (2004): „Die Wiedereinführung des *ḫulʿ* und die Stärkung der Frauenrechte. Eine Studie zur Reform des Personalstatusrechts im islamischen Rechtskreis am Beispiel des ägyptischen Gesetzes Nr. 1 von 2000"; in: *Beiträge zum Islamischen Recht* IV, Silvia Tellenbach, Thoralf Hanstein (Hgg.). Frankfurt a.M., S. 125–209.

Ebert, Hans-Georg (1996): *Das Personalstatut arabischer Länder. Probleme, Methoden, Perspektiven*. Frankfurt a.M.

87 Gerhard (2012).

88 Nicht ratifiziert bzw. unterschrieben wurde CEDAW von den USA und von Iran.

Ebert, Hans-Georg (2005): „Das neue Personalstatut Marokkos: Normen, Methoden und Problemfelder"; in: *Orient* 46/4, S. 609–631.

Engelcke, Dörthe (2019): *Reforming Family Law. Social and Political Change in Jordan and Morocco.* Cambridge.

Frankfurter Allgemeine (30.03.2007): „Die Richterin und der Koran: ‚Entscheidung im Ergebnis vertretbar'"; in: *Frankfurter Allgemeine*, s. https://www.faz.net/aktuell/politik/inland/die-richterin-und-der-koran-entscheidung-im-ergebnis-vertretbar-1411691.html, abgerufen am 11.07.2019.

Focus Online (21.03.2007): „Richterin rechtfertigte Ehe-Gewalt mit Koran"; in: *Focus online*, s. http://www.focus.de/politik/deutschland/scheidungsverfahren_aid_51354.html, abgerufen am 11.07.2019.

Focus Online (30.03.2007): „Koranurteil: Richterbund nimmt Skandaljuristin in Schutz"; in: *Focus online*, s. https://www.focus.de/politik/deutschland/koran-urteil_aid_52125.html, abgerufen am 11.07.2019.

Gerhard, Ute (2012): *Frauenbewegung und Feminismus. Eine Geschichte seit 1789.* 2. Aufl. München.

Koran (1980): *Der Koran.* Übersetzung von Rudi Paret, 2. Aufl. Stuttgart [etc.].

Langenfeld, Christine (2016): „Geschlechterrollen in Ehe und Familie im Wandel der Zeit und des Rechts"; in: *Beiträge zum Islamischen Recht* XI, Thoralf Hanstein, Irene Schneider (Hgg.). Frankfurt a.M., S. 33–43.

Layish, Aharon (2014): „The Transformation of the *Sharīʿa* from Jurist's Law to Statutory Law in the Contemporary Muslim World"; in: *Die Welt des Islams* 44, S. 85–113.

Lehmann, Karl (Kardinal) (2014): „Anthropologische Perspektiven aus der Sicht katholischer Theologie"; in: *Religionsfreiheit und Gleichberechtigung der Geschlechter*, Juliane Kokott, Ute Mager (Hgg.). Tübingen, S. 51–67.

List of first women lawyers and judges in Africa (2019); in: *Wikipedia*, s. https://en.wikipedia.org/w/index.php?title=List_of_first_women_lawyers_and_judges_in_Africa&oldid=908429056#Morocco, abgerufen am 05.08.2019.

Medick, Veit; Reimann, Anna (20.03.2007): „Justiz-Skandal: Deutsche Richterin rechtfertigt eheliche Gewalt mit dem Koran"; in: *Spiegel Online*, s. https://www.spiegel.de/politik/deutschland/justiz-skandal-deutsche-richterin-rechtfertigt-eheliche-gewalt-mit-koran-a-472849.html, abgerufen am 11.07.2019.

Nagel, Tilmann (1981): *Staat und Glaubensgemeinschaft.* Bände 1 und 2. München.

Nelle, Dietrich (2010): „Marokko"; in: *Internationales Ehe- und Kindschaftsrecht*, Alexander Bergmann, Murad Ferid, Dieter Henrich (Hgg.). Berlin, S. 1986ff., hierzu 186. Lieferung 2010, S. 1–107.

Oswald, Andreas (21.03.2007): „Scharia in Deutschland?"; in: *Der Tagesspiegel*, s. https://www.tagesspiegel.de/politik/justizskandal-scharia-in-deutschland/825384.html, abgerufen am 11.07.2019.

Peters, Rudolph (2005): *Crime and Punishment in Islamic Law.* Cambridge.

Pietsch, Peter (2012): „Rechtswahl für Ehesachen nach Rom III"; in: *NJW* 2012, S. 1768–1770.

Rohe, Mathias (2001): *Der Islam – Alltagskonflikte und Lösungen.* Freiburg.

Rohe, Mathias (2011): *Das islamische Recht. Geschichte und Gegenwart.* 3. Aufl. München.

Schneider, Irene (2008): „Islamisches Recht zwischen göttlicher Satzung und temporaler Ordnung? Überlegungen zum Grenzbereich zwischen Recht und Religion“; in: *Recht und Religion*, Christine Langenfeld und Irene Schneider (Hgg.). Göttingen, S. 138–191.

Schneider, Irene (2011): *Der Islam und die Frauen*. München.

Schneider, Irene (2012) [Rezension]: „Thomas Bauer: Die Kultur der Ambiguität. Eine andere Geschichte des Islams. Verlag der Weltreligionen. Berlin 2011“; in: *Der Islam* 88, S. 439–448.

Schneider, Irene (2014a): „Der Ṭalāq auf Reisen: Kodifikation, Geschlechtergleichheit und Islamischer Personalstatut in der globalen postkolonialen Moderne. Prof. em. Dr. Omaia Elwan zum 80. Geburtstag gewidmet“; in: *Religionsfreiheit und Gleichberechtigung*, J. Kokott, U. Mager (Hgg.). Heidelberg, S. 133–159.

Schneider, Irene (2014b): „Artikel Fiqh“; in: *The Oxford Encyclopaedia of Islam and Politics*, Emad El-Din Shahin (Hg). Oxford, s. http://www.oxfordislamicstudies.com.ezp-prod1.hul.harvard.edu/article/opr/t342/e0171, abgerufen am 12.07.2019.

Schultz, Ulrike (2016): “Do Female Judges Judge Differently? Empirical Realities of a Theoretical Debate”; in: *Women Judges in the Muslim World*, Nadia Sonneveld, Monika Lindbekk (Hgg.). Leiden, S. 23–50.

Shepard, William E. (1996): „Muhammad Saʿid al-ʿAshmawi and the Application of the Shariʿa in Egypt“; in: *IJMES* 28, S. 39–58.

Sonneveld, Nadia (2012): *Khul' Divorce in Egypt. Public Debates, Judicial Practices, and Everyday Life*. Cairo.

Süddeutsche Zeitung (17.05.2010): “Gute Nacht, Deutschland!”; in: *Süddeutsche Zeitung*, s. https://www.sueddeutsche.de/politik/reaktionen-auf-koran-entscheidung-gute-nacht-deutschland-1.782244, abgerufen am 11.07.2019.

Ṭabarī, Muḥammad Abū Ǧaʿfar aṭ- (1984): *Ǧāmiʿ al-bayān ʿan taʾwīl āy al-Qurʾān*. Bände 1–15. Beirut.

Verfassung Marokko, s. https://www.constituteproject.org/constitution/Morocco_2011.pdf, abgerufen am 24.7.2019.

Wadud, Amina (1999): *Qur'an and woman: rereading the sacred text from a woman's perspective*. New York.

Wild, Stefan (2001): *Mensch, Prophet und Gott im Koran*. Münster.

Zeino-Mahmalat, Ellinor (2014): *Verfassungsreform und Verfassungswirklichkeit in Marokko*. Konrad-Adenauer-Stiftung, s. https://www.kas.de/documents/252038/253252/7_dokument_dok_pdf_36789_1.pdf/b16392c6-de3f-d721-fad8-87d0318c7920?version=1.0&t=1539654627653, abgerufen am 26.07.2019.

Zu den Autoren

Hans-Georg Soeffner ist emeritierter Professor für Allgemeine Soziologie an der Universität Konstanz sowie Vorstandsmitglied und Senior Fellow des Kulturwissenschaftlichen Instituts Essen (KWI) und Permanent Visiting Fellow am Forum internationale Wissenschaft (FiW) der Universität Bonn. Seine Forschungsschwerpunkte sind Wissens-, Kultur-, Religions- und Mediensoziologie.

Mouhanad Khorchide studierte Islamische Theologie und Soziologie in Beirut und Wien und wurde mit einer Arbeit zum „Islamischen Religionsunterricht zwischen Integration und Parallelgesellschaft" promoviert. Seine Forschungsschwerpunkte sind islamische Religionspädagogik, systematische islamische Theologie und Islam in Europa. Seit 2010 ist er Professor für Islamische Religionspädagogik an der Universität Münster.

Irene Schneider ist seit 2003 Professorin am Seminar für Arabistik/Islamwissenschaft der Universität Göttingen. Sie wurde in Tübingen im Fach Islamwissenschaft promoviert und habilitierte sich an der Universität zu Köln. Ihre Forschungsgebiete sind Islamisches Recht, Staat und Gesellschaft in zeitgenössischen muslimischen Staaten sowie Rechtsgeschichte unter besonderer Berücksichtigung der Geschlechterforschung. Ihre Arbeitssprachen sind Arabisch und Persisch.

Zum Leiter der Podiumsdiskussion

Heinz-Peter Mansel studierte Rechtswissenschaften an den Universitäten Heidelberg, Genf und München und wurde mit der Arbeit „Personalstatut, Staatsangehörigkeit und Effektivität" an der Universität München zum Dr. iur. promoviert. Die Habilitation erfolgte 1998 an der Universität Heidelberg. Prof. Mansel ist Direktor des Instituts für internationales und ausländisches Privatrecht und seit 2018 Prorektor für Internationales an der Universität zu Köln. Er ist Präsident des Deutschen Rats für Internationales Privatrecht, einem Beratungsgremium des Bundesministeriums der Justiz.

Editorische Notiz

Der vorliegende Band enthält Beiträge von Wissenschaftlern und einer Wissenschaftlerin aus verschiedenen Fachbereichen mit je eigenen Konventionen. Diese Individualität respektierend und um die Referenten nicht in ein Korsett von Formalismen zu zwängen, wurde davon abgesehen, für die Ausarbeitung der Texte Vorgaben im Hinblick auf Stil und Zitierweise zu machen.